Impressum
Verlag: BABADADA GmbH, Nedderfeld 112 , 22529 Hamburg
Geschäftsführer / Verlagsleitung: Harald Hof
Druck: Books on Demand GmbH, In de Tarpen 42, 22848 Norderstedt

Imprint
Publisher: BABADADA GmbH, Nedderfeld 112 , 22529 Hamburg, Germany
Managing Director / Publishing direction: Harald Hof
Print: Books on Demand GmbH, In de Tarpen 42, 22848 Norderstedt, Germany

школа
ትምህርት ቤት

дзяліць
ማካፈል

186/2

дошка
ሰሌዳ

класны пакой
መማሪያ ክፍል

школьны двор
የትምህርት ቤት ቅጥር
ግቢ

настаўнік
መምህር

папера
ወረቀት

ручка
እስክሪብቶ

пісьмовы стол
መፃፊያ ጠረጴዛ

лінейка
ማስመሪያ

кніга
መፅሐፍ

пісаць
መፃፍ

вучань
ተማሪ

ранец
....
የጀርባ ቦርሳ

пенал
....
የእርሳስ መያዣ

просты аловак
....
እርሳስ

тачылка для алоўкаў
....
የእርሳስ መቅረጫ

гумка
....
ላጲስ

альбом для малявання
....
የስዕል ደብተር

малюнак

ስዕል

пэндзлік

የቀለም ብሩሽ

фарбы

የቀለም ሳጥን

нажніцы

መቀስ

клей

ማጣበቂያ

сшытак

መልመጃ ደብተር

хатняе заданне

የቤት ስራ

лік

ቁጥር

дадаваць

መደመር

адымаць

መቀነስ

множыць

ማባዛት

лічыць

ቁጥሮችን ማስላት

літара

ደብዳቤ

алфавіт

ፊደላት

слова

ቃል

тэкст

ፅሑፍ

чытаць

ማንበብ

крэйда

ጠመኔ

ўрок

ትምህርት

класны журнал

ምዝገባ

экзамен

ፈተና

атэстат

ሰርተፊኬት

школьная форма

የትምህርት ቤት የደንብ ልብስ

адукацыя

ትምህርት

энцыклапедыя

አዉደ ጥበብ

універсітэт

ዩኒቨርስቲ

мікраскоп

የምርምር አጉሊ መሳርያ

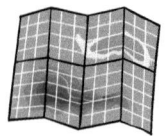

карта

ካርታ

смеццевы кошык

የቆሻሻ ወረቀት መጣያ ቅርጫት

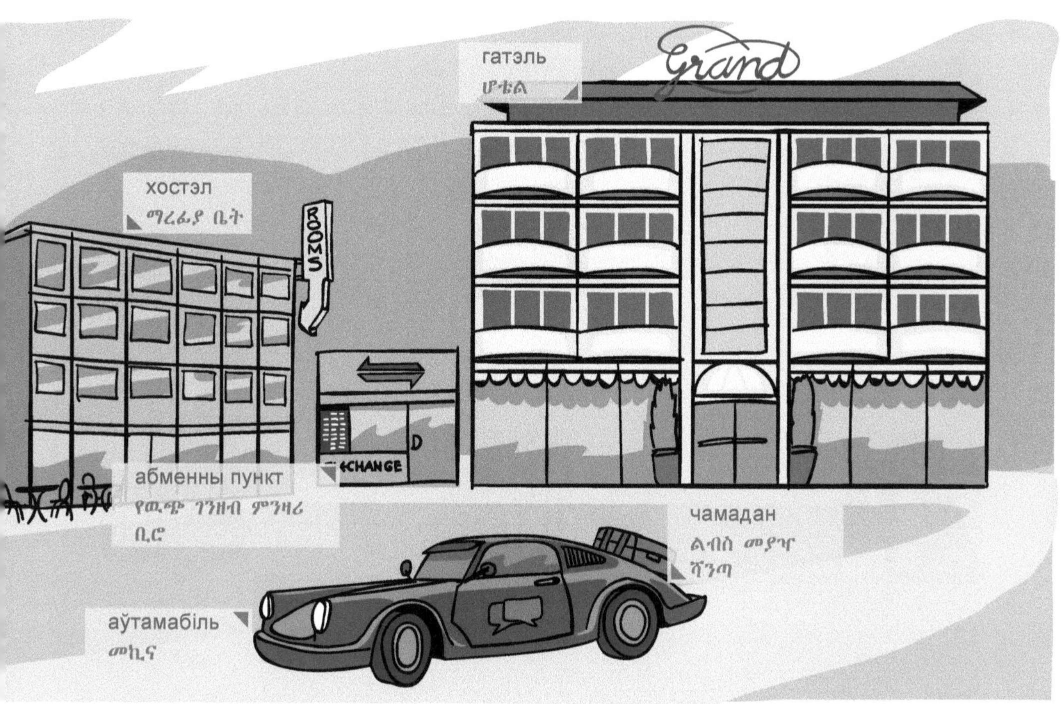

гатэль
ሆቴል
Grand
хостэл
ማረፊያ ቤት
ROOMS
абменны пункт
የዉጭ ገንዘብ ምንዛሪ ቢሮ
EXCHANGE
чамадан
ልብስ መያዣ ሻንጣ
аўтамабіль
መኪና

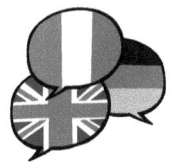

мова

ቋንቋ

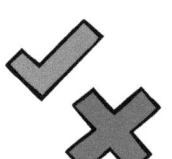

так / не

አዎ/ አይደለም

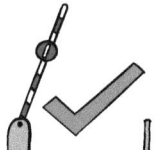

добра

እሺ

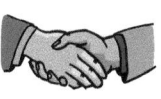

прывітанне!

ሰላም

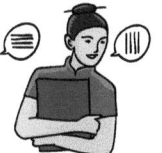

перакладчык

አስተርጓሚ

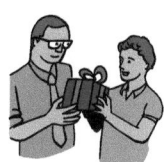

дзякуй

አመሰግናለሁ

Колькі каштуе....?

ስንት ነው.......?

я не разумею

አልገባኝም

праблема

እክል

Добры вечар!

እንደምን አመሹ!

Добрай раніцы!

እንደምን አደሩ!

Дабранач!

መልካም ምሽት!

да пабачэння

ደህና ይሰንብቱ

кірунак

አቅጣጫ

багаж

ሻንጣ

сумка

ቦርሳ

заплечнік

የጀርባ ቦርሳ

госць

እንግዳ

пакой

ክፍል

спальны мяшок

የመተኛ ቦርሳ

палатка

ድንኳን

інфармацыя для турыстаў
....
የጎብኚዎች መረጃ

пляж
....
የባህር ዳርቻ

крэдытная картка
....
ክሬዲት ካርድ

снеданне
....
ቁርስ

абед
....
ምሳ

вячэра
....
እራት

праязны білет
....
ቲኬት

ліфт
....
አሳንስር

паштовая марка
....
ማህተም

мяжа
....
ድንበር

мытня
....
ባህሎች

пасольства
....
ኤምባሲ

віза
....
ቪዛ/የይለፍ ወረቀት

пашпарт
....
ፓስፖርት

транспарт

መጓጓዣ

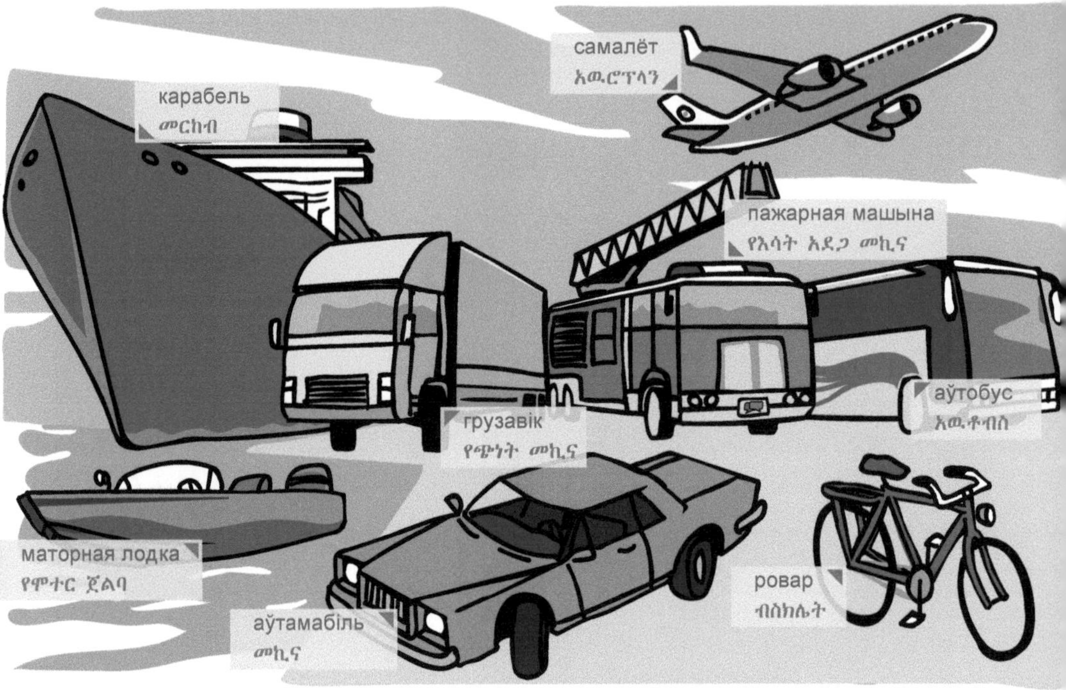

самалёт
አዉሮፕላን
карабель
መርከብ
пажарная машына
የእሳት አደጋ መኪና
аўтобус
አዉቶብስ
грузавік
የጭነት መኪና
маторная лодка
የሞተር ጀልባ
ровар
ብስክሌት
аўтамабіль
መኪና

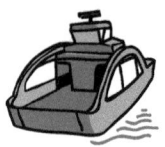

парoм

የማመላለሻ ጀልባ

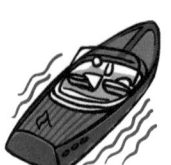

лодка

ጀልባ

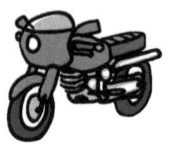

матацыкл

የሞተር ብስክሌት

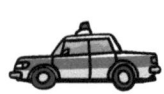

паліцэйская машына

የፖሊስ መኪና

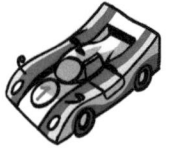

гоначны аўтамабіль

የዉድድር መኪና

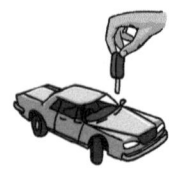

арэндаваны аўтамабіль

የኪራይ መኪና

сумеснае карыстанне
аўтамабілем
....
የመኪና መጋራት

эвакуатар
....
ታች መኪና

смеццявоз
....
የ ቆሻ ጭነት መኪና

матор
....
ሞተር

паліва
....
ነ ጅ

запраўка
....
የቤንዚን ማደያ

дарожны знак
....
የመንገድ ምልክት

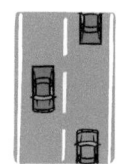

дарожны рух
....
የመኪኖች እንቅስቃሴ

затор
....
የመኪና መጨናነቅ

паркоўка
....
የመኪና ማ ሚያ

чыгуначная станцыя
....
የባቡር ጣቢያ

рэйкі
....
የባቡር ዲዶች

цягнік
....
ባቡር

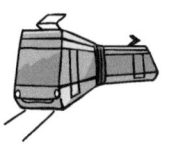

трамвай
....
የኤሌክትሪክ ባቡር

вагон
....
ሰረሳ

верталёт

ሄሊኮፕተር

аэрапорт

አየር ማረፊያ

вежа

ግንግ

пасажыр

መንገደኛ

кантэйнер

ማስቀመጫ፤ ማጠራቀሚያ

кардонная скрыня

ካርቶን እቃ ማሸጊያ

тачка

ጋሪ፤ ተሳቢ

карзіна

ቅርጫት

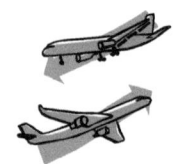

ўзлятаць / прызямляцца

መነሳት/ ማረፍ

горад

ከተማ

вёска

መንደር

цэнтр горада

የከተማ ማዕከል

дом

ቤት

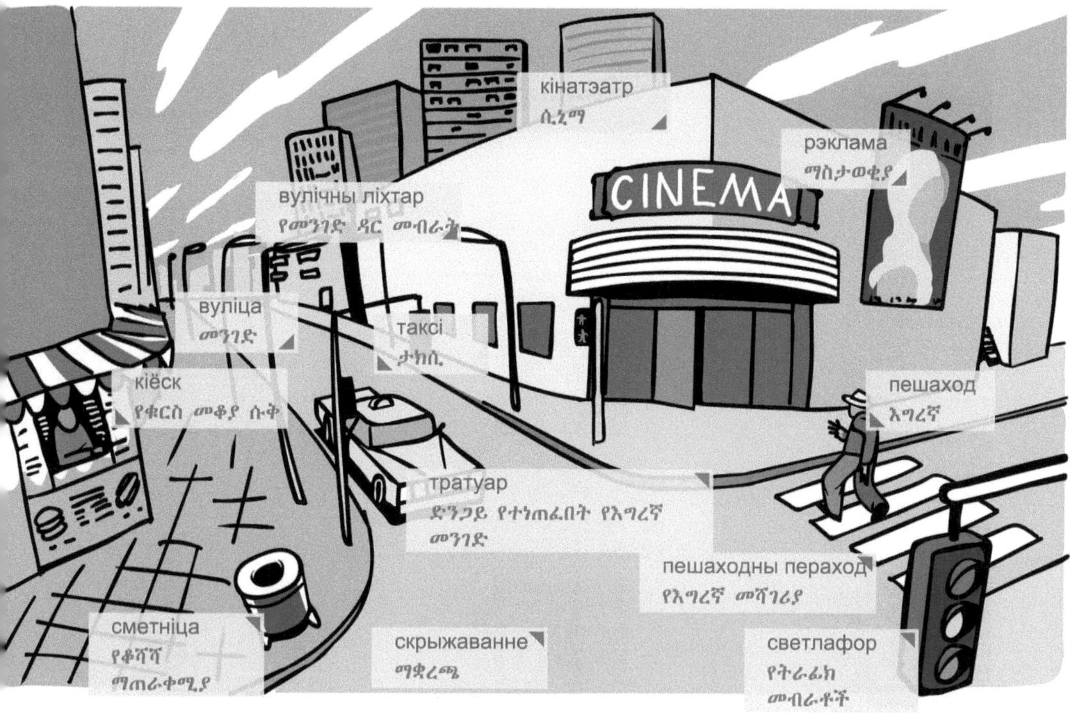

кінатэатр
ሲኒማ
рэклама
ማስታወቂያ
CINEMA
вулічны ліхтар
የመንገድ ዳር መብራት
вуліца
መንገድ
таксі
ታክሲ
кіёск
የቁርስ መቆያ ሱቅ
пешаход
እግረኛ
тратуар
ድንጋይ የተነጠፈበት የእግረኛ መንገድ
пешаходны пераход
የእግረኛ መሻገሪያ
сметніца
የቆሻሻ ማጠራቀሚያ
скрыжаванне
ማቋረጫ
светлафор
የትራፊክ መብራቶች

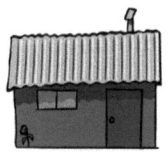

халупа

ጎጆ

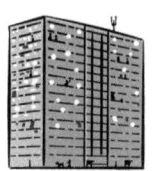

кватэра

አፓርታማ

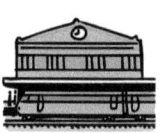

чыгуначная станцыя

የባቡር ጣቢያ

ратуша

የከተማ አዳራሽ

MUSEUM

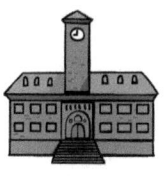

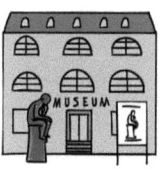

музей

ቤተ መዘክር

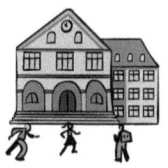

школа

ትምህርት ቤት

універсітэт

ዩኒቨርስቲ

банк

ባንክ

шпіталь

ሆስፒታል

гатэль

ሆቴል

аптэка

መድሐኒት ቤት

офіс

ቢሮ

кнігарня

መፅሐፍ መሸጫ

крама

ሱቅ

кветкавая крама

የአበባ መሸጫ

супермаркет

የሸቀጣ ሸቀጥ መደብር

кірмаш

ገበያ ስፍራ

універмаг

መደብር

рыбная крама

የዓሳ ነጋዴ

гандлевы цэнтр

የገበያ ማዕከል

порт

ወደብ

парк

መናፈሻ ቦታ

лава

አግዳሚ ወንበር

мост

ድልድይ

лесвіца

ደረጃዎች

метро

ዉስጥ ለዉስጥ

тунэль

ዋሻ

прыпынак

የአዉቶቡስ ፌርማታ

бар

ባር

рэстаран

ምግብ ቤት

паштовая скрыня

የፖስታ ሳጥን

вулічны паказальнік

የመንገድ ምልክት

паркамат

የመኪና ማቆሚያ ሒሳብ የሚያሰላ
ማሽን

заапарк

የደር እንስሳት ማቆያ

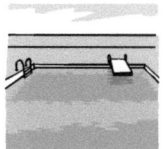

басейн

የመዋኛ ገንዳ

мячэць

መስጊድ

сядзіба

እርሻ

забруджванне
навакольнага асяроддзя

የሚበክል ነገር

могілкі

መቃብር ስፍራ

царква

ቤተ ክርስቲያን

пляцоўка для гульні

መጫወቻ ሜዳ

храм

ቤተ መቅደስ

краявід

መልከዓምድር

ліст
ቅጠል

паказальнік
የመንገድ ላይ
ምልክት

дарога
መንገድ

луг
አረንጓዴ መስክ

камень
ድንጋይ

дрэва
ዛፍ

падарожнік
በእግሩ የሚጓዝ

рака
ወንዝ

трава
ሳር

кветка
አበባ

даліна

ሸለቆ

гара

ኮረብታ

возера

ሀይቅ

лес

ጫካ

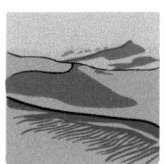

пустыня

በረሃ

вулкан

እሳተ ገሞራ

замак

ግምብ

вясёлка

ቀስተ ዳመና

грыб

እንጉዳይ

пальма

የቴምብር ዛፍ/ ዘንባባ

камар

ቢንቢ/ የወባ ትንኝ

муха

በራሪ

мурашка

ጉንዳን

пчала

ንብ

павук

ሸረሪት

жук

ጢንዚዛ

жаба

እንቁራሪት

вавёрка

ሽኮኮ

вожык

ጃርት

заяц

ጥንቸል

сава

ጉጉት ወፍ

птушка

ወፍ

лебедзь

የውሃ ዳክዬ

дзік

ከርከሮ

алень

አጋዘን

лось

አጋዘን

плаціна

ግድብ

вятрак

በነፋስ የሚሽከረከር

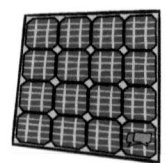

сонечная батарэя

የፀሀይ ፓኔሎ

клімат

አየር ንብረት

рэстаран

ምግብ ቤት

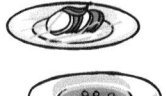

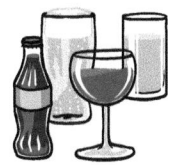

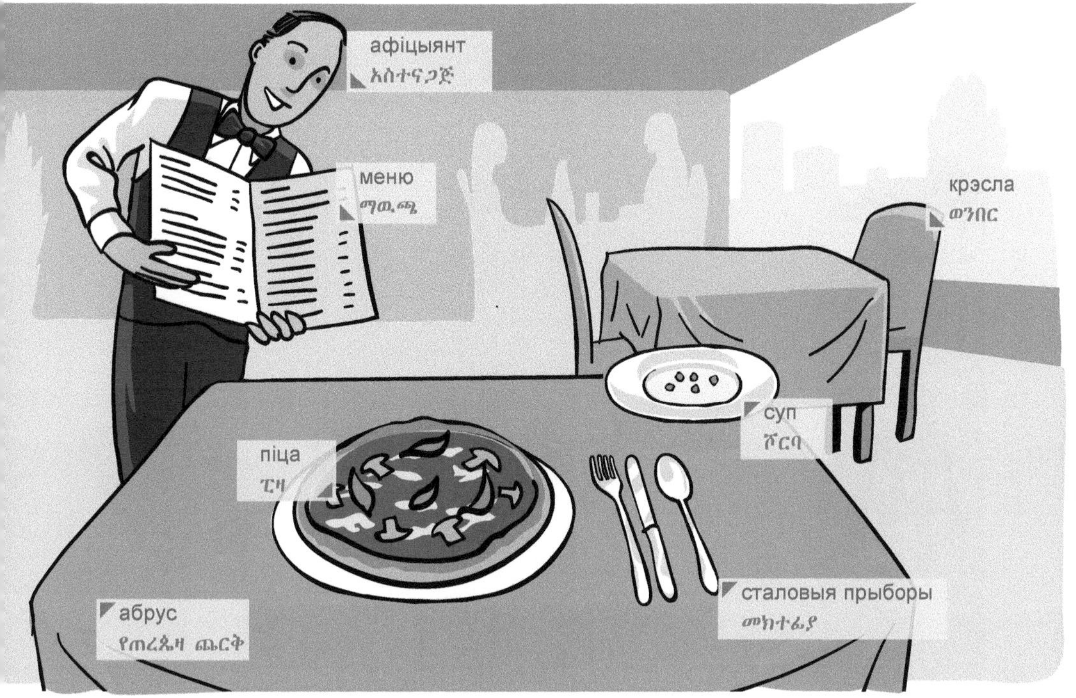

афіцыянт
አስተናጋጅ
меню
ማዉጫ
крэсла
ወንበር
суп
ሾርባ
піца
ፒዛ
абрус
የጠረጴዛ ጨርቅ
сталовыя прыборы
መክተፊያ

закуска

የምግብ ፍላጎትን የሚከፍት ምግብ

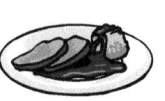

другая страва

ዋና ምግብ

дэсерт

ማጣጣሚያ ተከታይ ምግብ

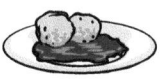

напоі

መጠጦች

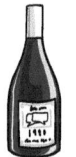

ежа

ምግብ

бутэлька

ጠርሙስ

хуткае харчаванне (фаст-фуд)

ፈጣን ምግብ

стрыт-фуд

የመንገድ ምግብ

імбрык (чайнік)

የሻይ ማንቆርቆሪያ

цукарніца

የስኳር እቃ

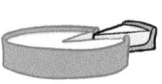

порцыя

ድርሻ

эспрэса-машына

የቡና ማፊያ ማሽን

дзіцячае крэселка

ባለጌ ወንበር

рахунак

የክፍያ ደረሰኝ

паднос

ትሪ

нож

ቢላዋ

відэлец

ሹካ

лыжка

ማንኪያ

чайная лыжка

የሻይ ማንኪያ

сурвэтка

ልብስ ምግብ እንዳይነካ የሚረዳ ጨርቅ

шклянка

ብርጭቆ

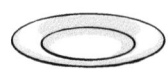

талерка

ዝርግ ሰሀን

супавая талерка

የሾርባ ጎድጓዳ ሰሀን

сподак

የስኒ ማስቀመጫ

соус

ማጣፈጫ ስጎ

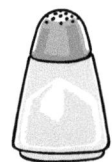

сальніца

የጨው እቃ

млынок для перцу

የተፈጨ ቃሪያ

воцат

ኮምጣጤ

алей

የምግብ ዘይት

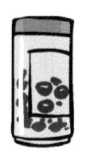

спецыі

ቀመማ ቅመሞች

кетчуп

የቲማቲም ድልህ

гарчыца

ሰናፍጭ

маянэз

ማዮነዝ

супермаркет

የሸቀጣ ሸቀጥ መደብር

акцыя
ልዩ አቅራቦት
FOR
пакупнік
ደምበኛ
малочныя прадукты
የወተት ተዋፅዖ
садавіна
ፍራፍሬ
вазок
ባለ ጎማ የእጅ ጋሪ

BUTCHERS

мясная крама

ሉካንዳ ነጋዴ

BAKERY

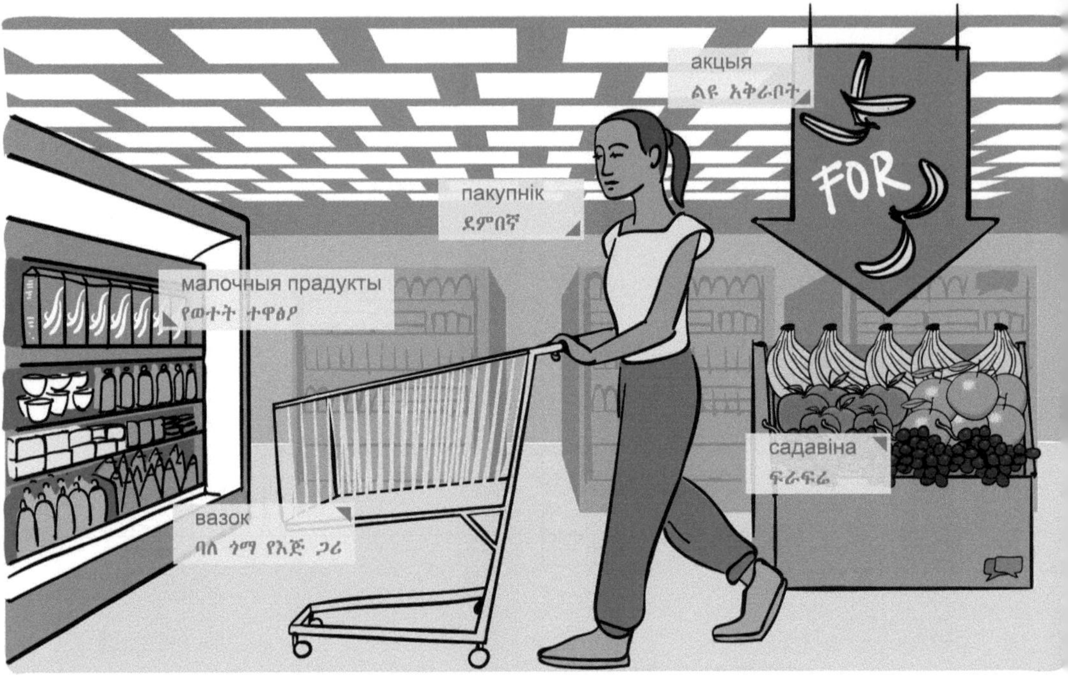

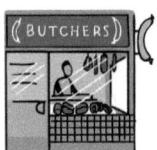

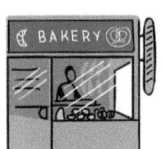

хлебны магазін

መጋገርያ

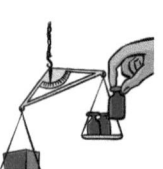

важыць

ክብደት መመዘን

гароднiна

ቅጠላ ቅጠል አትክልት

мяса

ስጋ

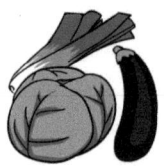

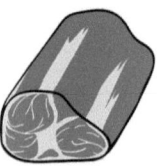

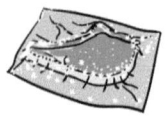

свежазамарожаныя прадукты

የቀዘቀዘ/የረጋ ምግብ

нарэзка

ቀዝቃዛ ቁራጭ

кансервы

የታሸገ ምግብ

пральны парашок

የማጠቢያ ዱቄት

прысмакі

ጣፋጮች

хатнія прылады

የቤት ዕስጥ ዕቃዎች

чысцячы сродак

የዕዳት ምርቶች

прадавец

የሽያጭ ባለሙያ

каса

የገንዘብ መመዝበሪያ ማሽን

касір

የሒሳብ ሰራተኛ

спіс пакупак

የግዢ ዝርዝር

гадзіны працы

ክፍት ሰዓታት

бумажнік

የኪስ ቦርሳ

крэдытная картка

ክሬዲት ካርድ

сумка

ቦርሳ

пакет

የፕላስቲክ ቦርሳ

вада

ውሃ

сок

ጭማቂ

малако

ወተት

кола

ኮካ-ኮላ

віно

ወይን

піва

ቢራ

алкаголь

አልኮል

какава

ኮካ

гарбата (чай)

ሻይ

кава

ቡና

эспрэса

የተፈላ ቡና

капучына

ካፑቺኖ

банан

ሙዝ

яблык

ፖም

апельсін

ብርቱካን

дыня

ሀብሀብ

лімон

ሎሚ

морква

ካሮት

часнок

ነጭ ሽንኩርት

бамбук

ሽምበቆ

цыбуля

ቀይ ሽንኩርት

грыб

እንጉዳይ

арэхі

ለዉዝ

локшына

የህፃናት ምግብ

спагеці

рыс

ሩዝ

салата

ሰላጣ

бульба фры

የድንች ጥብስ

смажаная бульба

ድንች ጥብስ

піца

ፒዛ

гамбургер

ዳቦ ዉስጥ በስሱ ተጠብሶ የገባ
ስጋ

бутэрброд

ሳንድዊች

шніцаль

ጥሬ ስጋ

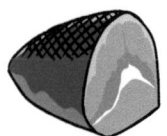

вяндліна

የአሳማ ስጋ

салямі

በቅመምና በጨዉ የታሸ ምግብ
ቀዝቅዞ የሚበላ ሾርባ ምግብ

каўбаса

ቋሊማ

курыца

ዶሮ

смажаніна

ጥብስ

рыбак

አሳ

ежа - ምግብ

аўсяныя камякі

የአጃ ገንፎ

мюслі

ከወተት ጋር ተደባልቀዉ የሚበሉ ምግቦች

кукурузныя шматкі

የበቆሎ ቅርፊት

мука

ዱቄት

круасан

ኩሩሳ

булачка

ድብልብል ዳቦ

хлеб

ዳቦ

тост

መጥበስ

пячэнне

ብስኩት

масла

ቅቤ

тварог

እርጎ

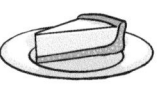

пірог

ኬክ

яйка

እንቁላል

яечня

እንቁላል ጥብስ

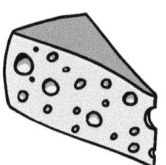

сыр

አይብ

марожанае

የበረዶ ክሬም

цукар

ስኳር

мёд

ማር

варэнне

ማርማላት

нуга

የተናጠ የወተት ክሬም

кары

ማጣፈጫ

хата
የገበሬ ቤት

хлеў
የእህልና የከብት ማቀመጫ ቤት

конь
ፈረስ

цюк саломы
የጭድ ክምር

поле
ሜዳ

прычэп
ተሳቢ መኪና

жарабя
የፈረስ ውርንጥላ

трактар
የእርሻ መኪና

асёл
አህያ

ягня
የበግ ጠቦት

авечка
በግ

каза

ፍየል

карова

ላም

цяля

ጥጃ

свіння

አሳማ

парася

ግልገል አሳማ

бык

ኮርማ

гусак

ዝይ

качка

ዳክዬ

кураня

የዶሮ ጫጩት

курыца

ዶር

певень

አውራ ዶሮ

пацук

አይጥ

кот

ደድመት

мыш

አይጥ

вол

በሬ

сабака

ውሻ

сабачая будка

የውሻ ቤት

садовы шланг

የአትክልት ቦታ

палівачка

ውሃ ማጠጫ ባልዲ

каса

ረጅም ማጭድ

плуг

ማረሻ

серп

ማጭድ

матыка

መኮትኮቻ

вілы для гною

የእህል መንሽ

сякера

መጥረቢያ

тачка

ኩርኩር/ የእጅ ጋሪ

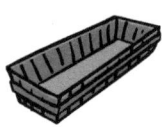

карыта

ገንዳ

бітон для малака

የወተት ዕቃ

мех

ጆንያ ከረጢት

плот

አጥር

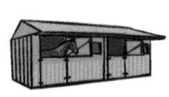

хлеў

የፈረስ ጋጣ

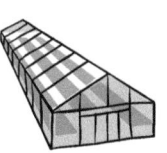

цяпліца

ዕፅዋት ማሳደጊያ የመስታዉት
ቤት

глеба

አፈር

насенне

ዘር

угнаенне

የመሬት ማዳበሪያ

камбайн

ጥምር ማረሻ

збіраць ураджай

ዝመራ መሰብሰብ

ураджай

ዝመራ

ямс

ድንች

пшаніца

ስንዴ

соя

ሶያ

бульба

ድንች

кукуруза

በቆሎ

рапс

የከብት መኖ

садовае дрэва

የፍራ ዛፍ

маніёк

የካሳቫ ዛፍ

збожжа

እህል

комін
የጭስ ማውጫ

дах
ጣራ

вадасцёк
አሽንዳ

акно
መስኮት

гараж
ጋራዥ

званок
የበር ደወል

дзверы
በር

вядро для смецця
የቆሻሻ ማጠራቀሚያ

паштовая скрыня
ፖስታ ሳጥን

сад
የአትክልት ቦታ

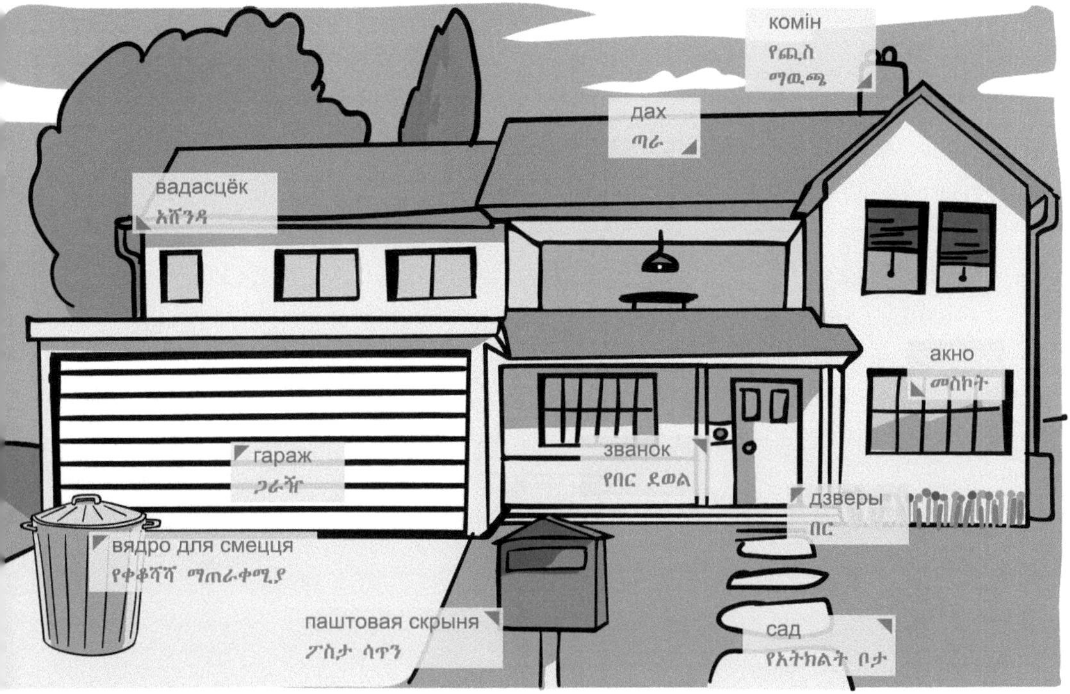

жылы пакой

ሳሎን

ванная

መታጠቢያ ቤት

кухня

ማድቤት

спальны пакой

መኝታ ቤት

дзіцячы пакой

የልጅ ክፍል

сталоўка

መመገቢያ ክፍል

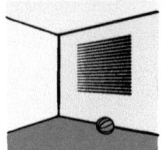

падлога

ወለል

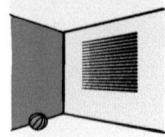

сцяна

ግድግዳ

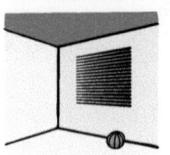

столь

ጣሪያ

падвал

ምድር ቤት

саўна

በእንፋሎት ሙቀት መታጠቢያ ቤት

балкон

ሰገነት

тэраса

ከፍ ያለ መደብ

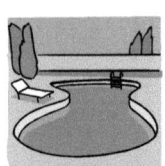

басейн

የመዋኛ ገንዳ

касілка

የማጨጃ መኪና

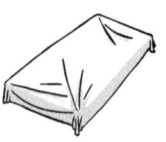

падкоўдранік

አንሶላ

коўдра

የአልጋ ልብስ

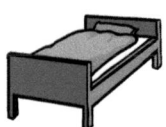

ложак

አልጋ

венік

መጥረጊያ

вядро

ባልዲ

выключальнік

ማብሪያና ማጥፊያ

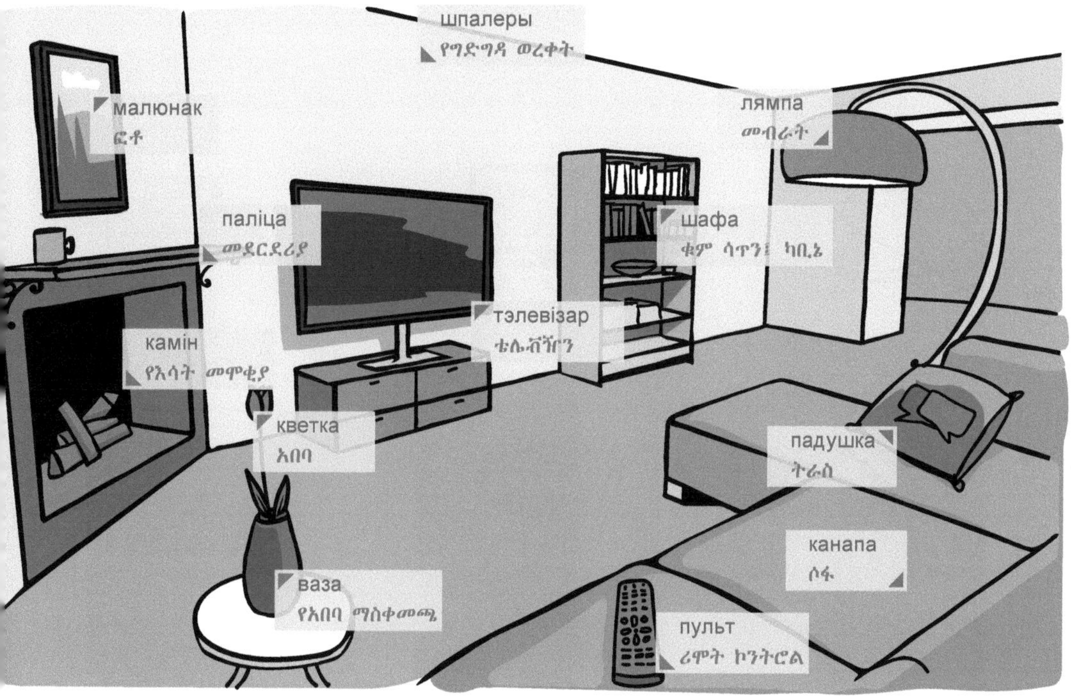

шпалеры
የግድግዳ ወረቀት

малюнак
ፎቶ

лямпа
መብራት

паліца
መደርደሪያ

шафа
ቁም ሳጥን፤ ካቢኔ

камін
የእሳት መሞቂያ

тэлевізар
ቴሌቪዥን

кветка
አበባ

падушка
ትራስ

канапа
ሶፋ

ваза
የአበባ ማስቀመጫ

пульт
ሪሞት ኮንትሮል

дыван
ንጣፍ

фіранка
መጋረጃ

стол
ጠረጴዛ

крэсла
ወንበር

крэсла-качалка
ተወዛዋ ወንበር

крэсла
ባለመደገፊያ ወንበር

кніга

መጽሐፍ

коўдра

ብርድ ልብስ

дэкарацыя

ጌጥ

дровы

ማገዶ

кіно

ፊልም

стэрэасістэма

የሙዚቃ መማጫዎቹ

ключ

ቁልፍ

газета

ጋዜጣ

карціна

ስዕል

постар

የተለጠፈ ማስታወቂያ እንደ ስዕል

радыё

ራዲዮ

нататнік

ማስታወሻ ደብተር

пыласос

የአየር ማዕዱ ለምንጣፍ

кактус

ቁልቁል

свечка

ሻማ

кухня

ማድቤት

халадзільнік
ማቀዝቀዣ
мікрахвалёвая печ
ማይክሮዌቭ ምግብ
ማብሰያ
кухонныя шалі
የኩሽና መመዘኛ
ሚዛን
тостар
ዳቦ መጥበሻ
мыйны сродак
ንፁህ ማድረጊያ
духоўка
ምድጃ
маразілка
ማቀዝቀዣ
вядро для смецця
የቆሻሻ ማጠራቀሚያ
посудамыйная
машына
እቃ ማጠቢያ

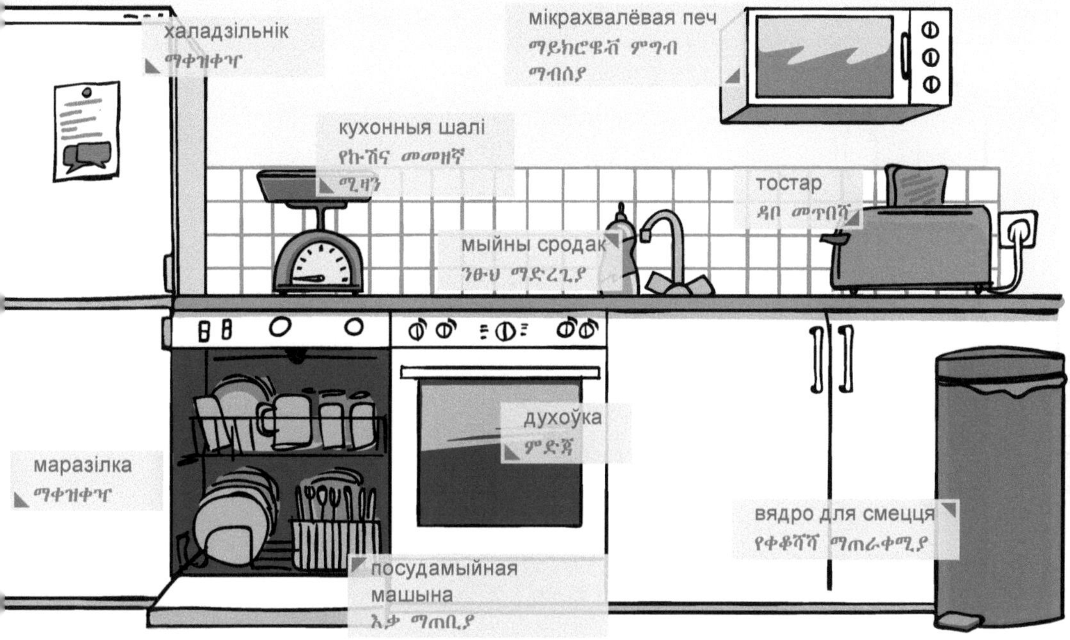

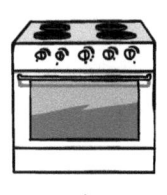

пліта

ምግብ አብሳይ

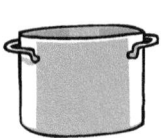

рондаль

ማሰሮ

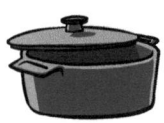

чыгунок

የብረት ማሰሮ

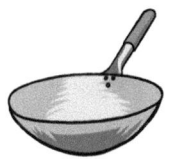

Вок / кадаі

ምግብ ማብሰያ ዝርግ ድስት

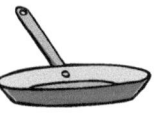

патэльня

የምግብ መጥበሻ

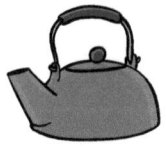

чайнік

ማንቆርቆሪያ

параварка

የእንፋሎት ማብሰያ

бляха

የመጋገሪያ ትሪ

посуд

ሰብስቦች

кубак

ትልቅ ኩባያ

міска

ጎድጓዳ ሳህን

палачкі для ежы

ቾፕስቲክስ

чарпак

ጭልፋ

лапатачка

መሰቅሰቂያ ዘርግ ማንኪያ

збівалка

ማደባለቂያ

сіта для варэння

መወጠሪያ

сіта

ወንፊት

тарка

መፈርፈሪያ መሳሪያ

ступка

ሲሚንቶ

грыль

የፍም ጥብስ

вогнішча

የተለቀቀ እሳት

дошка

መክተፊያ

качалка

ተንሸራታች መርፌ

штопар

የጠርሙስ መክፈቻ

бляшанка

ጣሳ

адкрывалка

የጣሳ መክፈቻ

прыхваткі

የማሰሮ መሸፈኛ

ракавіна

ሳህን ማጠቢያ

шчотка

ብሩሽ

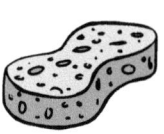

губка

ስፖንጅ

міксер

መደባለቂያ መሳሪያ

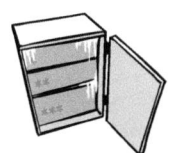

маразільная камера

በጣም ማቀዝቀዣ

бутэлечка

ጡጦ

вадаправодны кран

ቧንቧ

ванная

መታጠቢያ ቤት

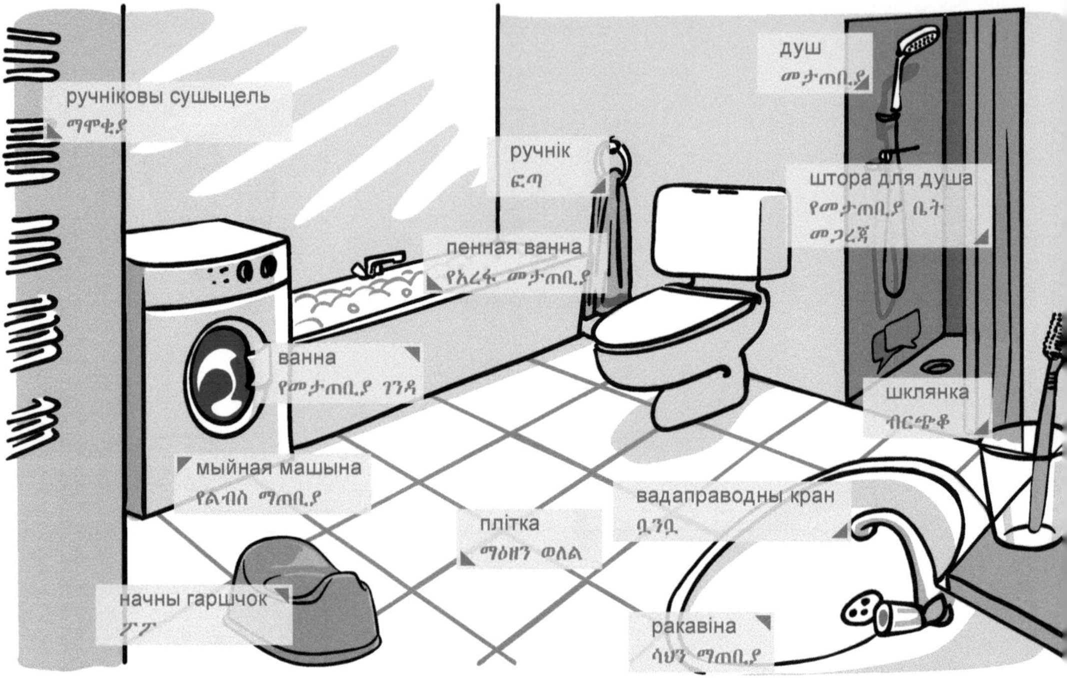

ручніковы сушыцель
ማሞቂያ
ручнік
ፎጣ
душ
መታጠቢያ
штора для душа
የመታጠቢያ ቤት መጋረጃ
пенная ванна
የአረፋ መታጠቢያ
ванна
የመታጠቢያ ገንዳ
шклянка
ብርጭቆ
мыйная машына
የልብስ ማጠቢያ
вадаправодны кран
ቧንቧ
плітка
ማዕዘን ወለል
начны гаршчок
ፖፖ
ракавіна
ሳህን ማጠቢያ

туалет
ሽንት ቤት

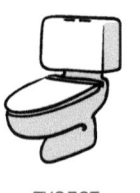

падлогавы ўнітаз
የሽንት ቤት መቀመጫ

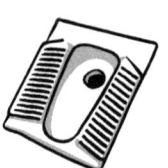

бідэ
ሳፋ

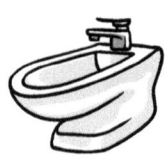

пісуар
የመንገድ ዳር መሽኛ

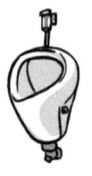

туалетная папера
የሽንት ቤት ወረቀት

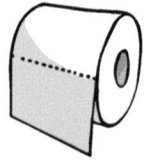

шчотка для чысткі ўнітаза
የሽንት ቤት ማፅጃ ብሩሽ

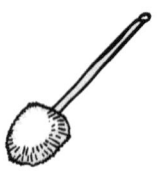

зубная шчотка

የጥርስ ብሩሽ

зубная паста

የጥርስ ሳሙና

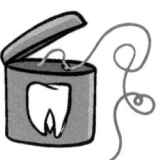

зубная нітка

የጥርስ ማፅጃ ክር

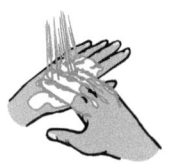

мыць

መታጠብ

ручны душ

የእጅ መታጠቢያ

інтымны душ

መታጠቢያ

умывальнік

ጎድንዳ ሳህን

шчотка для спіны

የጀርባ ብሩሽ

мыла

ሳሙና

гель для душа

የመታጠቢያ የሚዝለገለግ ሳሙና

шампунь

የፀጉር መታጠቢያ ሳሙና

вяхотка

ለስላሳ ጨርቅ

вадасцёк

ፍሳሽ

крэм

ክሬም

дэзадарант

ጠረን መቀየሪያ ንጥረ ነገር

люстэрка

መስታወት

касметычнае люстэрка

የእጅ መስታወት

станок для галення

ምላጭ

пена для галення

የመላጨ አረፋ

ласьён пасля галення

ከመላጨት በኋላ የሚቀባ ሽቱ

грэбень

ማበጠሪያ

шчотка

ብሩሽ

фен

የፀጉር ማድረቂያ

лак для валасоў

በፀጉር ላይ የሚነፋ

касметыка

የፊት መቀባቢያ

памада

የከንፈር ቀለም

лак для пазногцяў

የ ፅፍ ቀለም

вата

የ   ሱፍ

манікюрныя нажніцы

ፅፍ መቁረጫ

духі

ሽቶ

касметычка

ማጠቢያ ባልዲ

табурэтка

መቀመጫ

вагі

ሚዛን

лазневы халат

የመታጠቢያ ልብስ

санітарныя пальчаткі

የላስቲክ ጓንት

тампон

ሞዴስ

гігіенічныя пракладкі

የዕዳት ፎጣ

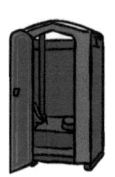

біятуалет

የሽንት ቤት ኬሚካል

дзіцячы пакой

የልጅ ክፍል

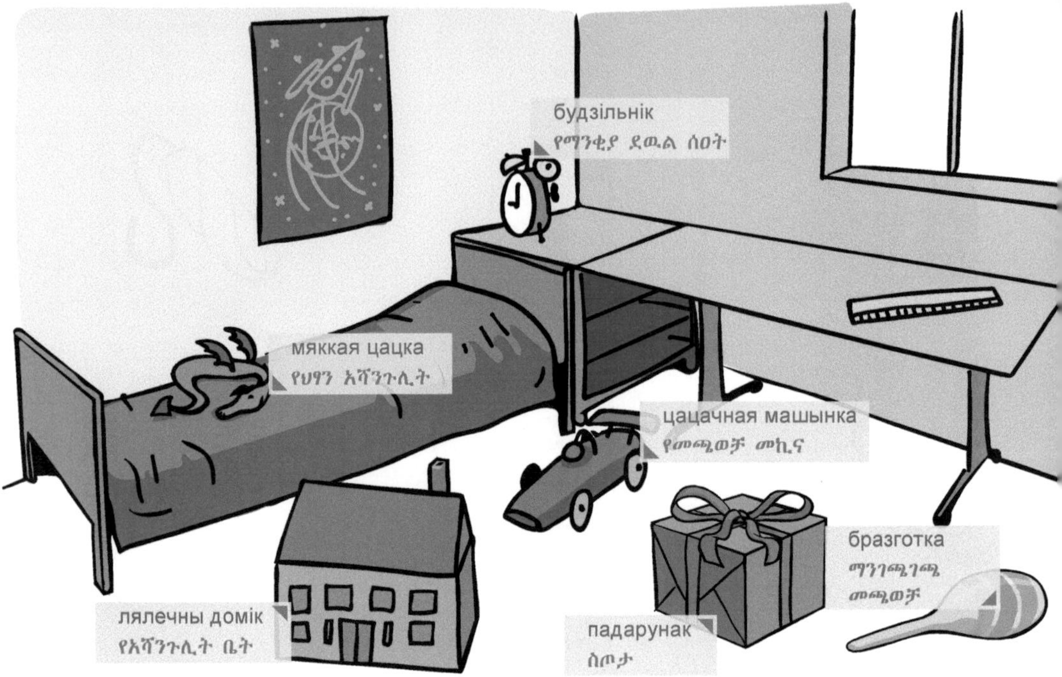

будзільнік
የማንቂያ ደዉል ሰዐት
мяккая цацка
የህፃን አሻንጉሊት
цацачная машынка
የመጫወቻ መኪና
бразготка
ማንገጫገጫ
መጫወቻ
лялечны домік
የአሻንጉሊት ቤት
падарунак
ስጦታ

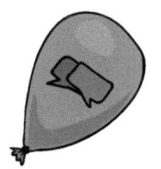

надзіманы шарык

ፊኛ

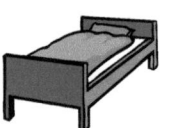

ложак

አልጋ

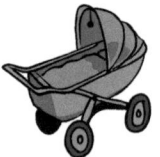

дзіцячая каляска

የህፃን ማንሸራሸሪያ ጋሪ

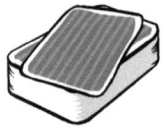

калода картаў

የካርታ መጫወቻ

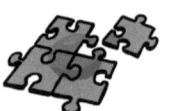

пазл

ቁርጥራጭ ምስሎችን የማገጣጠም
እና ምስል የማግኘት ጨዋታ

SUPER
MEGA

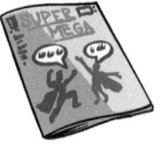

комікс

አዝናኝ

канструктар "Лега"

ተገጣጣሚ መጫወቻ

канструктар

የመጫወቻ መገጣጠሚያዎች

экшэн-фігурка

የድርጊት ምስል

дзіцячы гарнітур

የህፃን እድገት

фрызбі

የፕላስቲክ መጫወቻ ዝርግ ሰህን

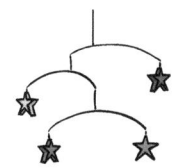

дзіцячы мабіль

ተወዛዋዥ የህፃን ማጫወቻ

настольная гульня

የሰሌዳ ጨዋታ

кубік

የመጫወቻ ጠጠር

дзіцячая чыгунка

የመጫወቻ ባቡር

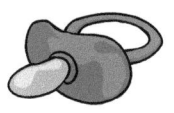

пустышка

የእንጀራ እናት ጡጦ

дзіцячае свята

ድግስ

кніга з малюнкамі

የስዕል መፅሀፍ

мячык

ኳስ

лялька

አሻንጉሊት

гуляцца

መጫወት

пясочніца

የአሸዋ መጫወቻ

арэлі

ሽዋሽዌ

цацкі

መጫወቻዎች

гульнявая відэа прыстаўка

የቪዲዮ መጫወቻ

трохколавы ровар

ባለ ሶስት ጎማ ብስክሌት

плюшавы мішка

የአሻንጉሊት ድብ

шафа

ቁምሳጥን

шкарпэткі

ካልሲዎች

панчохі

ስቶኪንጎች

калготкі

ታይት

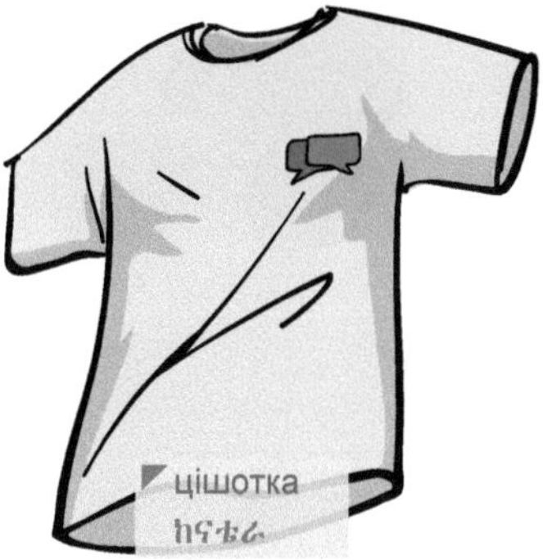

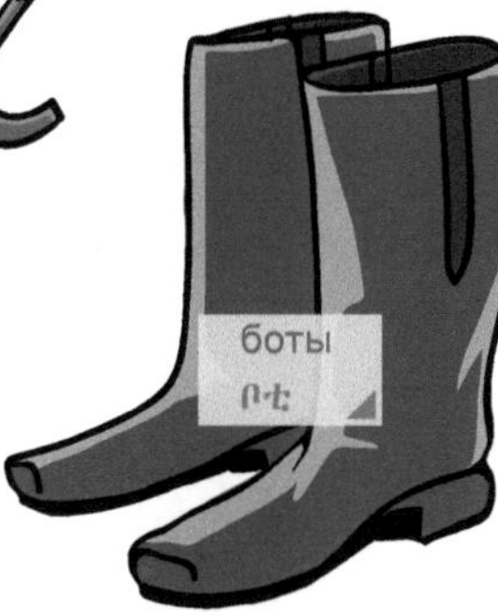

шалік
የአንገት ልብስ

рамень
ቀበቶ

парасон
ጥንጥላ

цішотка
ክናቴራ

красоўкі
ስኒከሮች

боты
ቡቲ

пантоплі
የቤት ዉስጥ ነጠላ
ጫማ

сандалі

ነጠላ ጫማዎች

абутак

ጫማዎች

гумовыя боты

የዝናብ ቡትስ

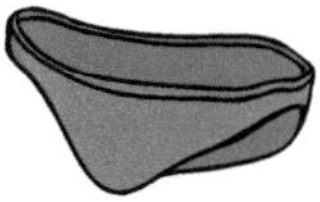

трусы

ሙታንታ

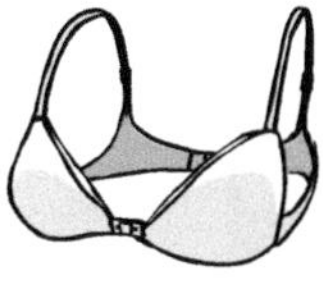

бюстгальтар

ጡት መያዣ

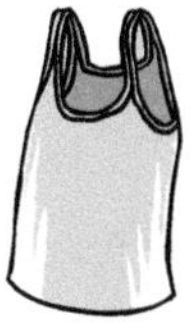

майка

ስደርያ

бодзі

ሰዉነት

штаны

ሱሪዎች

джынсы

ጅንስ

спадніца

ጉርድ ቀሚስ

блузка

ሹሚዝ

кашуля

ሹሚዝ

джэмпер

የሚጠለቅ ሹራብ

талстоўка

ሹራብ

блэйзер

ዩኒፎርም ጃኬት

куртка

ጃኬት

паліто

ኮት

дажджавік

የዝናብ ኮት

касцюм

ልብስ

сукенка

ቀሚስ

вясельная сукенка

የሙሽራ ቀሚስ

касцюм

ሱፍ

начная сарочка

የለሊት ልብስ

піжама

የለሊት ልብስ

сары

ረጅም ቀሚስ

хустка

ሂጃብ

цюрбан

ጥምጣም

паранджа

ቡርቃ

каптан

ሸርጥ

Абая

አባያ

купальнік

የዋና ልብስ

плаўкі

አጭር ቁምጣ

шорты

ቁምጣዎች

спартыўны касцюм

የስራ ቁታ

фартух

ሸርጥ

пальчаткі

ጓንት

гузік

ቁልፍ

акуляры

መነፅር

бранзалет

አምባር

каралі

የአንገት ሀብል

кальцо

ቀለበት

завушніца

የጆሮ ጌጥ

кепка

ኮፍያ

вешалка

የኮት መስቀያ

капялюш

ኮፍያ

гальштук

ከረባት

маланка

ዚፕ

шлем

የብረት ቆብ

падцяжкі

መደገፊያ

школьная форма

የትምህርት ቤት የደንብ ልብስ

уніформа

የደንብ ልብስ

нагруднік

መሃረብ

пустышка

የእንጀራ እናት ጡጦ

падгузнік

ሽንት ጨርቅ

сервер
ማስራጫ ጣቢያ

канцылярская шафа
የፋይል መደርደሪያ ካቢኔ

прынтэр
የህትመት መሳሪያ

маніtор
መቆጣጠሪያ

папера
ወረቀት

пісьмовы стол
መፃፊያ ጠረጴዛ

мыш
ማዉዝ

тэчка
ማህደር

клавіятура
የመፃፊ ቁልፎች

смеццевы кошык
የቆሻሻ ወረቀት መጣያ ቅርጫት

кампутар
ኮምፒዉተር

крэсла
ወንበር

убак для кавы (філіжанка)

የቡና መጠጫ ትልቅ ኩባያ

калькулятар

ማስሊያ ማሽን

інтэрнэт

ኢንተርኔት

ноўтбук

ላፕቶፕ

ліст

ደብዳቤ

паведамленне

መልዕክት

мабільны тэлефон

ተንቀሳቃሽ ስልክ

сетка

የግንኙነት አዉታር

ксеракс

ማባዛ ማሽን

праграмнае забеспячэнне

ሶፍትዌር

тэлефон

ስልክ

разетка

የግድግዳ ሶኬት

факс

የፋክስ ማሽን

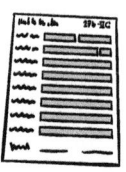

фармуляр

ቅፅ

дакумент

ሰነድ

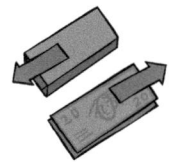

купляць

መግዛት

плаціць

መክፈል

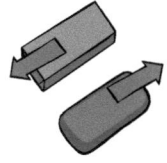

гандляваць

መነገድ

грошы

ገንዘብ

долар

ዶላር

еўра

ዩሮ

ена

የን

рубель

ሩብል

франк

የስዊዝ ፍራንክ

кітайскі юань

ሬንሚንቢ, ዩዋን

рупія

ሩጲ

банкамат

የገንዘብ ነጥብ

абменны пункт

የዉጭ ገንዘብ ምንዛሪ ቢሮ

золата

ወርቅ

срэбра

ብር

нафта

ዘይት

энергія

ሀይል፤ ጉልበት

цана

ዋጋ

кантракт

ግንኙነት

падатак

ቀረጥ

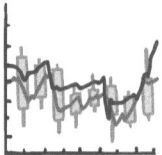

акцыя

አክስዮን

працаваць

መስራት

служачы

ተቀጣሪ

працадаўца

ቀጣሪ

фабрыка

ፋብሪካ

крама

ሱቅ

прафесіі

የስራ ሙያዎች

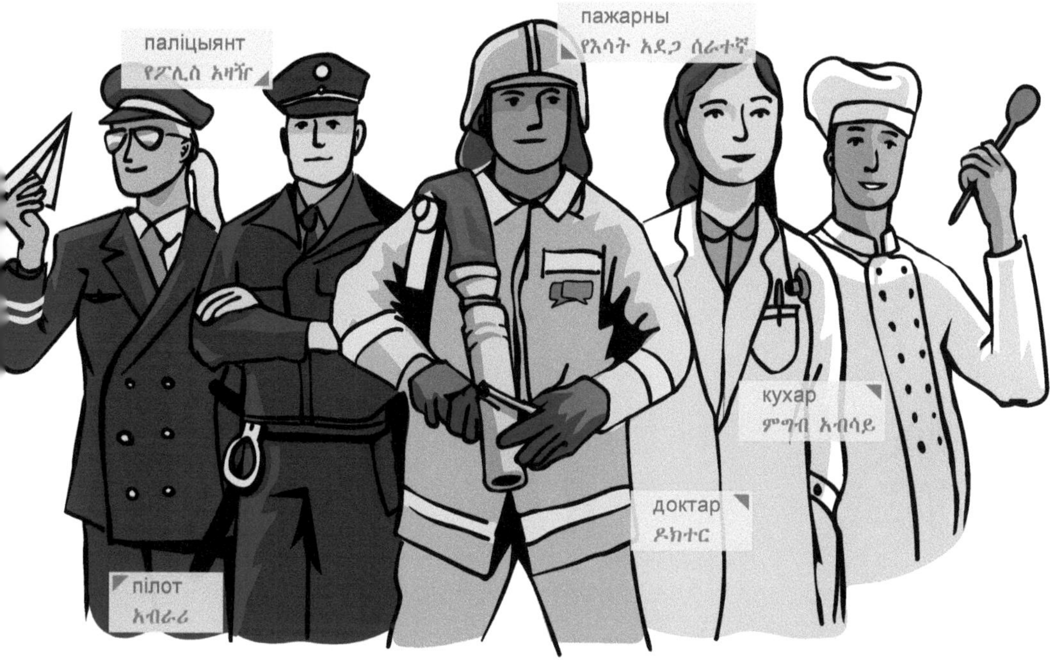
паліцыянт
የፖሊስ አዛዥ
пажарны
የእሳት አደጋ ሰራተኛ
кухар
ምግብ አብሳይ
доктар
ዶክተር
пілот
አብራሪ

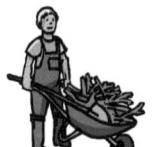

садоўнік

አትክልተኛ

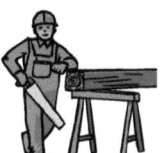

слесар

አናጢ

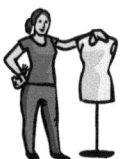

швачка

ልብስ ሰፊ ሴት

суддзя

ዳኛ

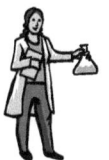

хімік

ቀማሚ

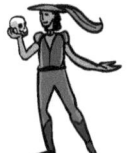

артыст

ተዋናይ

кіроўца аўтобуса

የአዉቶቢስ ሹፌር

таксіст

የታክሲ ሹፌር

рыбак

አሳ አጥማጅ

прыбіральшчыца

ፅዳት ሰራተኛ

страхар

የጣራ ሰራተኛ

афіцыянт

አስተናጋጅ

паляўнічы

አዳኝ

мастак

ሰዓሊ

пекар

ጋጋሪ

электрык

የኤሌትሪክ ሰራተኛ

будаўнік

ገምቢ

інжынер

መሃሃዲስ

мяснік

ልኳንዳ

сантэхнік

የቧንቧ ሰራተኛ

паштальён

የፖስታ ሰራተኛ

салдат

ወታደር

архітэктар

መሃንዲስ

касір

የሒሳብ ሰራተኛ

фларыст

አበባ ሻጭ

цырульнік

የፀጉር ሰራተኛ

кандуктар

ቲኬት ቆራጭ

механік

መካኒክ

капітан

ካፒቴን

стаматолаг

የጥርስ ሐኪም

вучоны

ተመራማሪ

рабін

መምህር

імам

የሙስሊም ሃይማኖታዊ መሪ

манах

መነኩሴ

святар

ካህን

інструменты

ሳሪያዎች

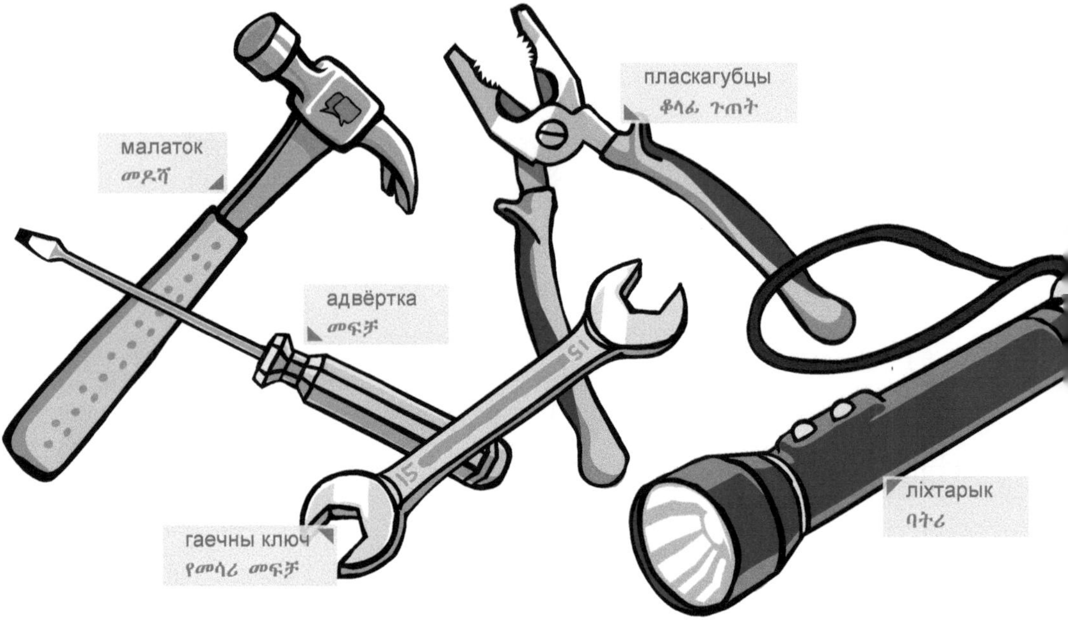
малаток
መዶሻ
пласкагубцы
ቆላፊ ጉጠት
адвёртка
መፍቻ
гаечны ключ
የመሳሪ መፍቻ
ліхтарык
ባትሪ

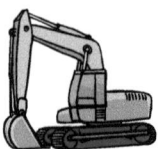

экскаватар

በቁፋሮ የሚዝቅ

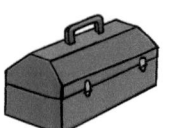

скрыня для інструментаў

የመፍቻ ሳጥን

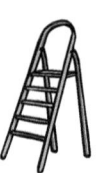

дравіны

መሰላል

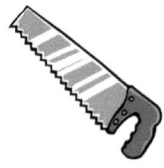

піла

መጋዝ

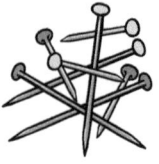

цвікі

ምስማር

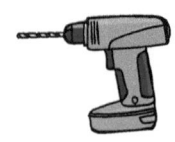

дрыль

መሰርሰሪያ

рамантаваць

መጠገን

рыдлеўка

አካፋ

Халера!

የተረገመ!

шуфлік для смецця

ቆሻሻ ማፈሻ

вядро з фарбаю

የቀለም ቆርቆሮ

балты

ብሎን

музычныя інструменты
የሙዚቃ መሳሪያዎች

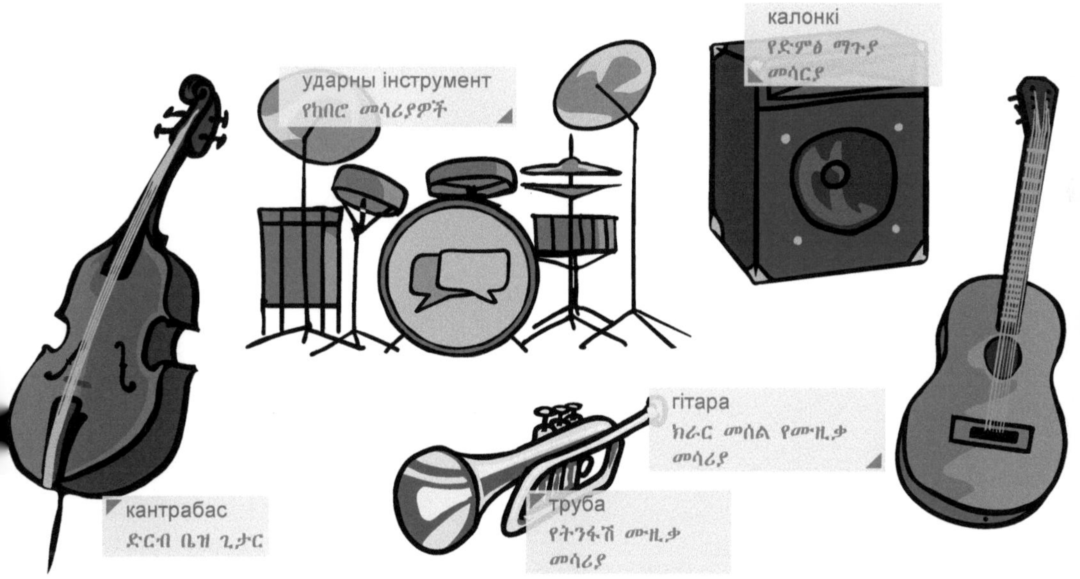

калонкі
የድምፅ ማጉያ
መሳርያ

ударны інструмент
የከበሮ መሳሪያዎች

гітара
ክራር መሰል የሙዚቃ
መሳሪያ

труба
የትንፋሽ ሙዚቃ
መሳሪያ

кантрабас
ድርብ ቤዝ ጊታር

піяніна

ፒያኖ

скрыпка

ቫዮሊን

басгітара

ወፍራም፤ ጎርናና ድምፅ ያለዉ
ክራር መሰል ሙዚቃ መሳሪያ

літаўры

ነጋሪት

барабан

ከበሮ

клавішны электрамузычны
інструмент

በኤሌክትሪክ የሚሰራ ፒኖ

саксафон

የትንፋሽ ሙዚቃ መሳሪያ

флейта

ዋሽንት

мікрафон

የድምፅ ማጉያ

тыгр
ነብር

уваход
መግቢያ

клетка
ሳጥን

зебра
የሜዳ አህያ

корм для жывёл
የእንስሳ ምግብ

панда
ትልቅ ድብ

жывёлы

እንስሳቾች

слон

ዝሆን

кенгуру

ካንጋሮ

насарог

አዉራሪስ

гарыла

ትልቅ ዝንጀሮ

мядзведзь

ድብ

вярблюд

ግመል

стравус

ሰጎን

леў

አንበሳ

малпа

ጦጣ

фламінга

ቅልጥም ረዥም ወፍ

папугай

በቀቀን

белы мядзведзь

የዋልታ ድብ

пінгвін

የዋልታ ወፎች

акула

ረጅም ጥርሶች ያሉትአሳ ነባር

паўлін

ጣዎስ

змяя

እባብ

кракадзіл

አዞ

наглядчык заапарка

የዱር አራዊት የሚጠበቁበት
ማቆያን የሚጠብቅ

цюлень

አሳ በሊታ የባህር እንስሳ

ягуар

የዱር ድመት

поні

ድንክ ፈረስ

леапард

ነብር

бегемот

ጉማሬ

жыраф

ቀጭኔ

арол

ንስር

дзік

ክርክሮ

рыбак

ዓሳ

чарапаха

የባህር ኤሊ

морж

የባህር አጧሬ

ліса

ቀበሮ

газель

የሜዳ ፍየል፤ ሚዳቋ

амерыканскі футбол
የአሜሪካ እግርኳስ

веласпорт
የብስክሌት ስፖርት

тэніс
ቴኒስ

баскетбол
የቅርጫት ኳስ

плаванне
ዋና

бокс
የቡጢ ስፖርት

хакей з шайбай
የበረዶ ላይ የገና ጨዋታ

футбол

እግር ኳስ

бадмінтон

የላባ ኳስ ጨዋታ

лёгкая атлетыка

አትሌቲክስ

гандбол

የእጅ ኳስ ስፖርት

горныя лыжы

የበረዶ መንሸራተት ስፖርት

пола

ፈረስ ግልቢያ

дзейнасць

እንቅስቃሴዎች

смяяцца
መሳቅ
скакаць
መዝለል
абдымаць
ማቀፍ
ісці
መራመድ
спяваць
መዘመር
марыць
ህልም ማለም
маліцца
መፀለይ
цалаваць
መሳም

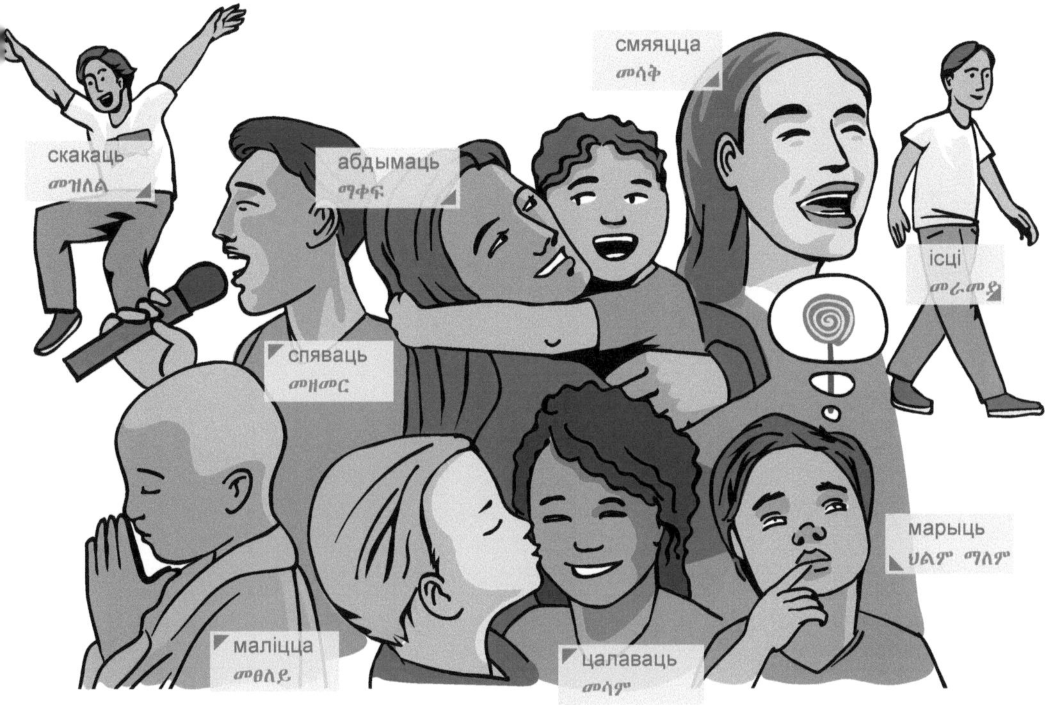

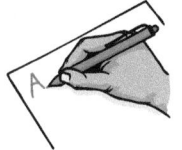

пісаць

መፃፍ

маляваць

መሳል

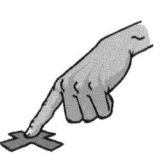

паказваць

ማሳየት

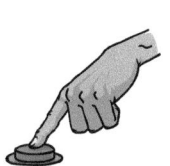

націснуць

መግፋት

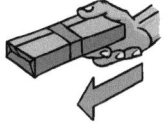

даваць

መስጠት

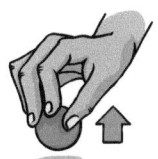

браць

መዉሰድ

маць

መያዝ

выконваць

ማድረግ

быць

መሆን

стаяць

መቆም

бегчы

መሮጥ

цягнуць

መሳብ

кідаць

መወርወር

падаць

መዉደቅ

ляжаць

መዋሸት

чакаць

መጠበቅ

насіць

መሸከም

сядзець

መቀመጥ

апранацца

መልበስ

спаць

መተኛት

прачынацца

መንቃት

глядзець

መመልከት

плакаць

ማለቀስ

лашчыць

መጫር

прычэсвацца

ማበጠር

гаварыць

ማዉራት

разумець

መረዳት

пытаць

ጥያቄ

чуць

ማዳመጥ

піць

መጠጣት

есці

መብላት

прыбіраць

ማንሳት

кахаць

ማፍቀር

гатаваць

ምግብ ማብሰል

ехаць

መንዳት

лятаць

መብረር

плаваць пад ветразем

መርከብ መንዳት

лічыць

ቁጥሮችን ማስላት

чытаць

ማንበብ

вучыць

መማር

працаваць

መስራት

уступаць у шлюб

ማግባት

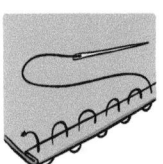

шыць

መስፋት

чысціць зубы

ጥርስ መቦረሽ

забіваць

መግደል

курыць

ማጨስ

пасылаць

መላክ

бабуля
የሴት አያት

дзядуля
የወንድ አያት

бацька
አባት

маці
እናት

дзіця
ህፃን

дачка
ሴት ልጅ

сын
ወንድ ልጅ

госць

እንግዳ

цётка

አክስት

дзядзька

አጎት

брат

ወንድም

сястра

እህት

цела

አካል

лоб
ግንባር
вока
አይን
плячо
ትከሻ
палец
ጣት
твар
ፊት
падбародак
አገጭ
рука
እጅ
нага
እግር
грудзі
ጡት
рука
ክንድ

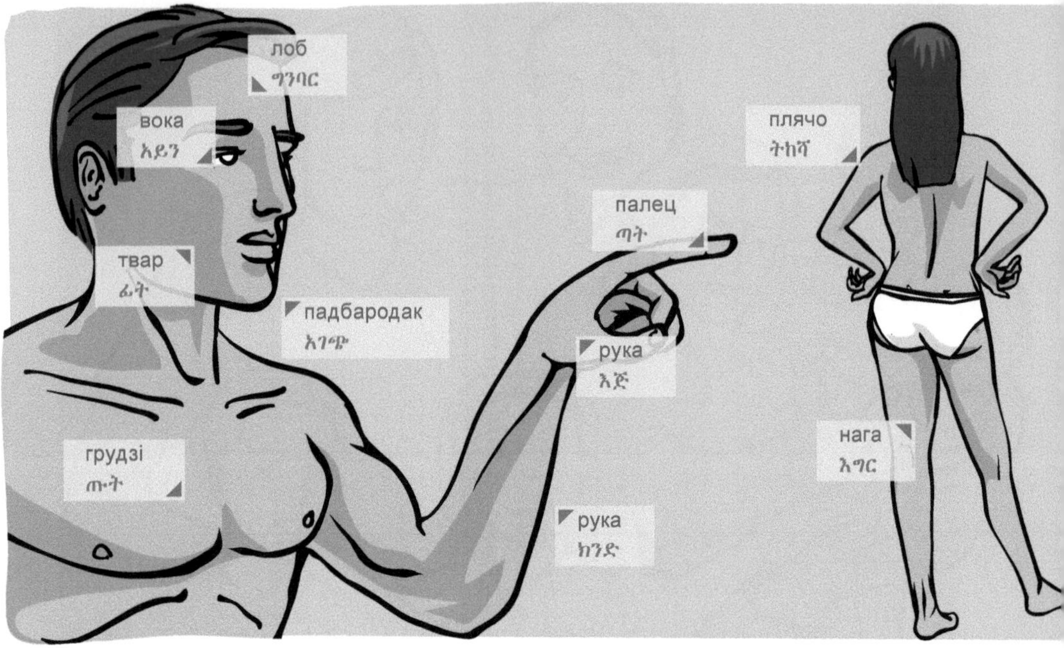

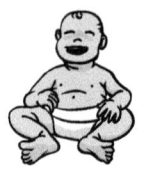

дзіця

ህፃን

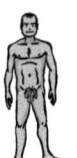

мужчына

ሰዉ

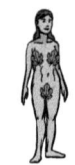

жанчына

ሴት

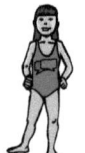

дзяўчынка

ልጃገረድ

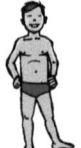

хлопчык

ወንድ ልጅ

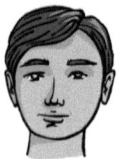

галава

ራስ

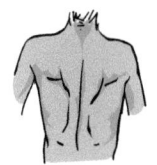

спіна

ጀርባ

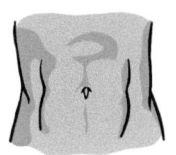

жывот

ሆድ

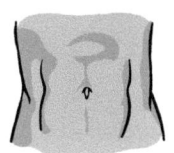

пуп

እምብርት

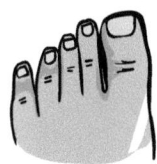

палец нагі

የእግር ጣት

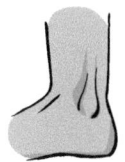

пятка

ተረከዝ

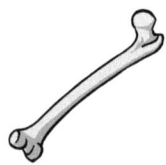

костка

አጥንት

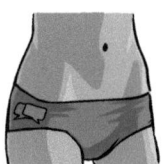

бядро

ዳሌ

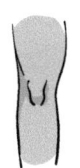

калена

ጉልበት

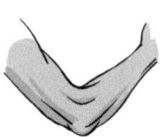

локаць

ክርን

нос

አፍንጫ

ягадзіца

ቂጥ

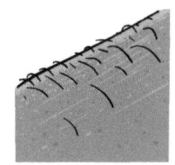

скура

ቆዳ

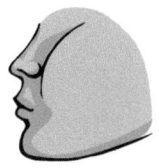

шчака

ጉንጭ

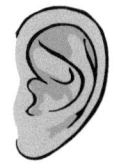

вуха

ጆሮ

губа

ከንፈር

рот
አፍ

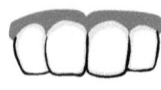

зуб
ጥርስ

язык
ምላስ

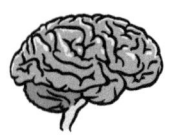

галаўны мозг
አንጎል

сэрца
ልብ

мышца
ጡንቻ

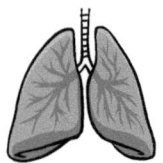

лёгкае
ሳምባ

пячонка
ጉበት

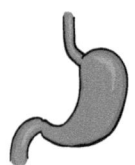

страўнік
ሆድ

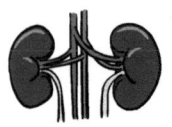

ныркі
ኩላሊቶች

сэкс
የግብረስጋ ግንኙነት

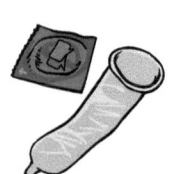

прэзерватыў
ኮንዶም

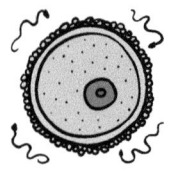

яйцаклетка
የሴት እንቁላል

сперма
የዘር ፈሳሽ

цяжарнасць
እርግዝና

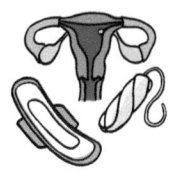

менструацыя

የወር አበባ

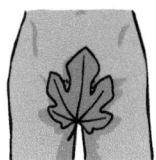

похва

እምስ

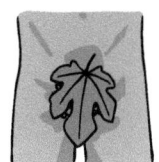

пеніс

ቁላ

брыво

ቅንድብ

валасы

ፀጉር

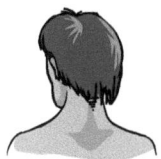

шыя

አንገት

шпіталь

ሆስፒታል

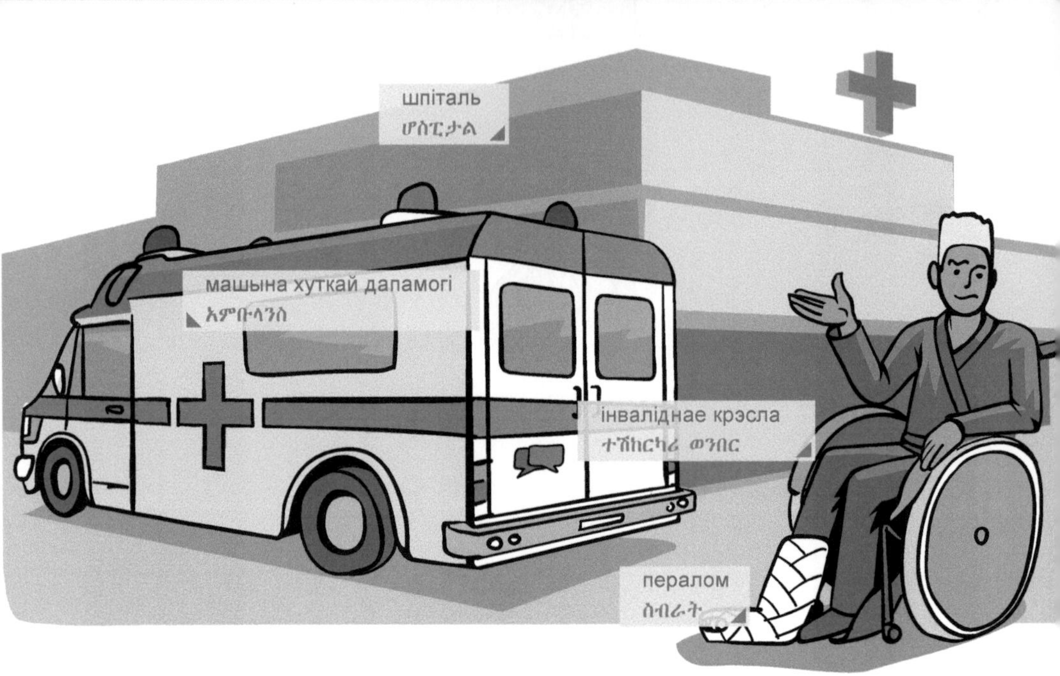

шпіталь
ሆስፒታል
машына хуткай дапамогі
አምቡላንስ
інваліднае крэсла
ተሽከርካሪ ወንበር
пералом
ስብራት

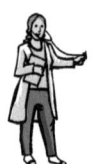

доктар

ዶክተር

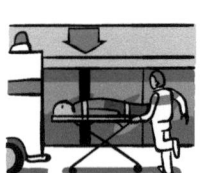

аддзяленне першай дапамогі

ድንገተኛ ክፍል

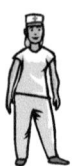

медсястра

ነርስ

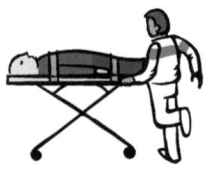

экстраная дапамога

ድንገተኛ

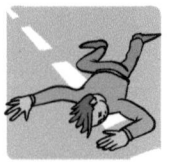

непрытомны

ራስን መሳት/ አለማወቅ

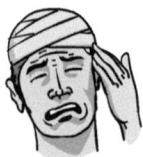

боль

ህመም

траўма

ጉዳት

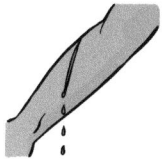

крывацёк

መድማት

інфаркт

የልብ ድካም

апаплексія

ስትሮክ

алергія

አለርጂ

кашаль

ሳል

гарачка

ትኩሳት

грып

ኢንፍሉዌንዛ

панос

ተቅማጥ

галаўны боль

የራስ ምታት

рак

ካንሰር

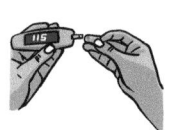

дыябет

የስኳር በሽታ

хірург

ቀዶ ጠጋኝ ሐኪም

скальпель

የቀዶ ጥገና ስለት

аперацыя

ቀዶ ጥገና

КТ

ሲቲ

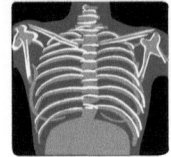

рэнтген

ኤክስሬይ

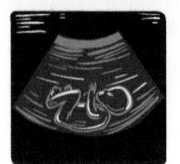

ультрагук

አልትራሳዉንድ

маска

የፊት ጭምብል

хвароба

በሽታ

пачакальня

መጠበቂያ ክፍል

мыліца

ምርኩዝ

пластыр

የቁስል ማሸጊያ

бінт

ፋሻ

ін'екцыя

መርፌ

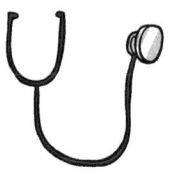

стэтаскоп

የልብ ምት ማዳመጫ መሳሪያ

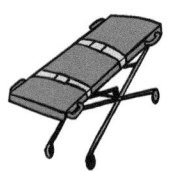

насілкі

የበሽተኛ አልጋ

градуснік

የሀክምና ሙቀት መለኪያ መሳሪያ

нараджэнне

መውለድ

лішняя вага

ከልክ ያለፈ ክብደት

слухавы апарат

ለመስማት የሚረዳ መሳሪያ

дэзінфекцыйны сродак

ፀረ ተባይ መድሀኒት

інфекцыя

ማመርቀዝ

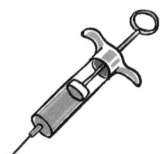

вірус

ቫይረስ

ВІЧ/СНІД

ኤች አይቪ. ኤድስ

лекі

ህክምና

прышчэпка

ክትባት

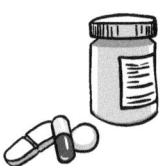

таблеткі

ኪኒን

супрацьзачаткавая
таблетка

ኪኒን

экстраны выклік

አስቸኳይ የስልክ ጥሪ

танометр

ደም ግፊት መቆጣጠሪያ

хворы / здаровы

ህመም/ ጤንነት

шпіталь - ሆስፒታል   75

Ратуйце!

እርዳታ!

сігналізацыя

ማንቂያ ደወል

напад

ጥቃት

атака

ድብደባ

небяспека

አደጋ

аварыйны выхад

የድንገተኛ መውጫ

Пажар!

እሳት!

вогнетушыцель

እሳት ማጥፊያ

аварыя

አደጋ

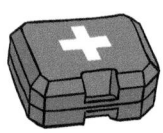

аптэчка

የመጀመሪያ እርዳታ መድሃኒት መያዣ

СОС

ነፍስ አድን

паліцыя

ፖሊስ

Еўропа

አዉሮፓ

Паўночная Амерыка

ሰሜን አሜሪካ

Паўднёвая Амерыка

ደቡብ አሜሪካ

Афрыка

አፍሪካ

Азія

እስያ

Аўстралія

አዉስትራሊያ

Атлантычны акіян

አትላንቲክ

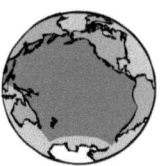

Ціхі акіян

ፓስፊክ

Індыйскі акіян

የህንድ ዉቅያኖስ

Паўднёвы ледавіты акіян

አንታርክቲክ ዉቅያኖስ

Паўночны ледавіты акіян

አርክቲክ ዉቅያኖስ

Паўночны полюс

ሰሜን ዋልታ

Паўднёвы полюс

ደቡብ ዋልታ

Антарктыда

አንታርክቲካ

Зямля

ምድር

краіна

መሬት

мора

ባህር

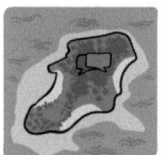

востраў

ደሴት

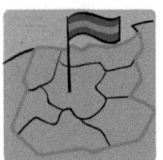

нацыя

አገርና ህዝብ

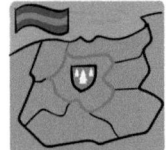

дзяржава

መንግስት

цыферблат

የሰዓት ገፅታ

гадзінная стрэлка

ሰዓት

хвілінная стрэлка

ደቂቃ

секундная стрэлка

ሴኮንድ

Колькі часу?

ስንት ሰዓት ነው?

дзень

ቀን

час

ጊዜ

зараз

አሁን

электронны гадзіннік

የቁጥር ሰዓት

хвіліна

ደቂቃ

гадзіна

ሰዓታት

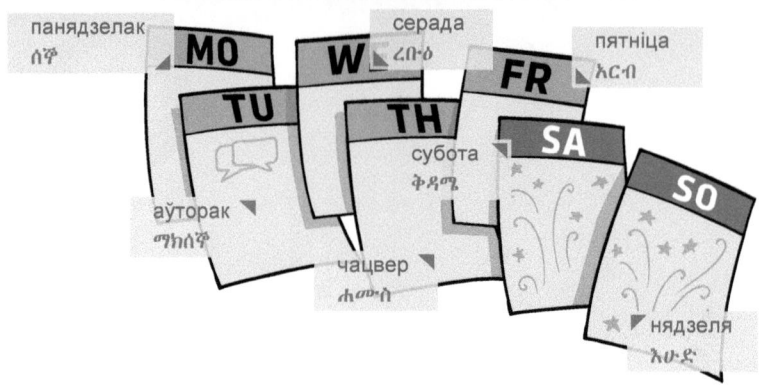

панядзелак
ሰኞ

серада
ረቡዕ

пятніца
ዓርብ

MO

TU

W

TH

FR

SA

SO

аўторак
ማክሰኞ

субота
ቅዳሜ

чацвер
ሐሙስ

нядзеля
እሁድ

ўчора

ትላንት

сёння

ዛሬ

заўтра

ነገ

раніца

ማለዳ

абед

ቀትር

вечар

ምሽት

MO	TU	WE	TH	FR	SA	SU
1	2	3	4	5	6	7
8	9	10	11	12	13	14
15	16	17	18	19	20	21
22	23	24	25	26	27	28
29	30	31	1	2	3	4

працоўныя дні

የስራ ቀናት

MO	TU	WE	TH	FR	SA	SU
1	2	3	4	5	6	7
8	9	10	11	12	13	14
15	16	17	18	19	20	21
22	23	24	25	26	27	28
29	30	31	1	2	3	4

выхадныя

የዕረፍት ቀናት

год

ዓመት

вясёлка
ቀስተ ዳመና
дождж
ዝናብ
снег
ጥጥ የሚመስል አመዳይ
በረዶ
ንፋብ
вясна
ፀደይ
восень
መኸር
лета
በጋ
зіма
ክረምት

4.APRIL 11°
5.APRIL 4°
6.APRIL 13°
7.APRIL 8°
8.APRIL 10°

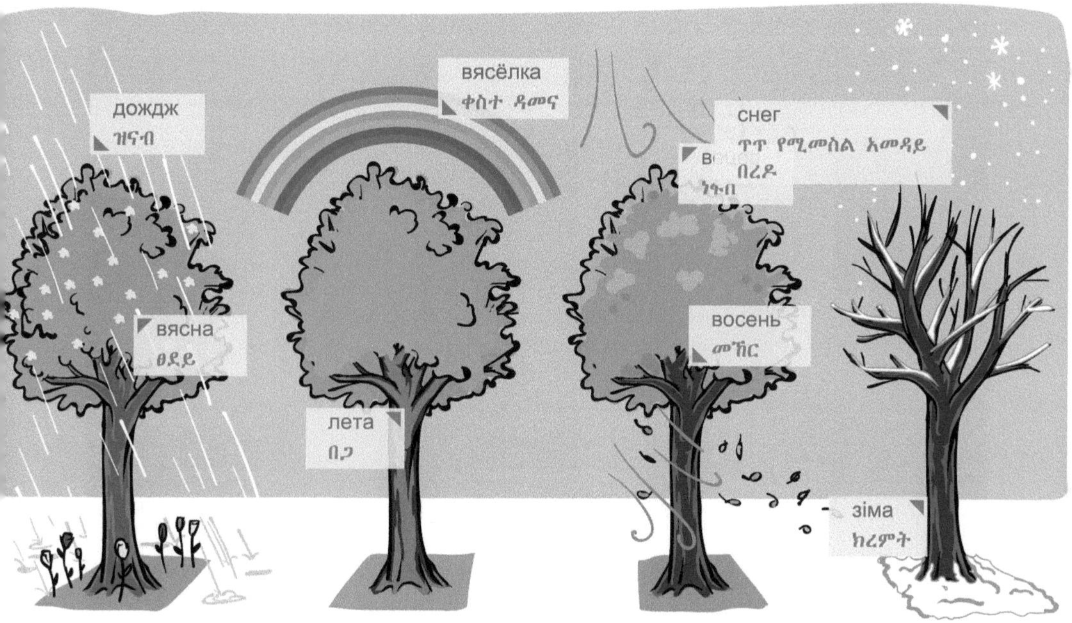

прагноз надвор'я

የአየር ሁኔታ ትንበያ

F
C
120
90
60
30
0
-30
40
30
20
10
0
-10
-20

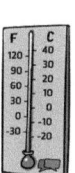

градуснік

የሙቀት መለኪያ

сонечнае святло

የፀሀይ ሙቀት

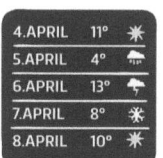

воблака

ደመና

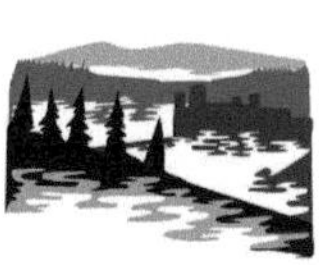

туман

ጭጋግ

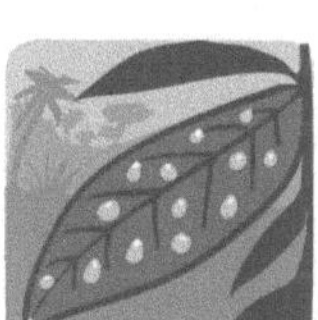

вільготнасць паветра

እርጥበታማነት

маланка

መብረቅ

гром

ነጎድጓድ

бура

አዉሎ ንፋስ

град

የበረዶ ዝናብ

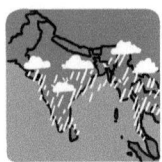

мусонны вецер

አዉሎ ንፋስ

прыліў

ጎርፍ

лёд

በረዶ

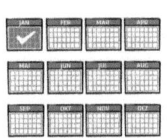

студзень

ጥር

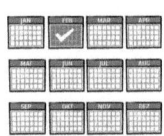

люты

የካቲት

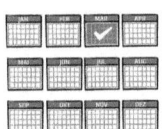

сакавік

መጋቢት

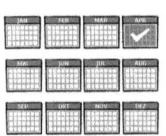

красавік

ሚያዚያ

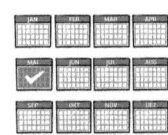

май

ግንቦት

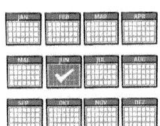

чэрвень

ሰኔ

ліпень

ሐምሌ

жнівень

ነሀሴ

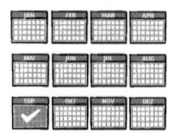

верасень
....
መስከረም

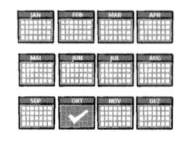

кастрычнік
....
ጥቅምት

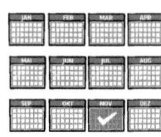

лістапад
....
ህዳር

снежань
....
ታህሳስ

формы
ቅርፆች

круг
....
ክብ

квадрат
....
አራት ማዕዘን

прамавугольнік
....
አራት ቀጥተኛ ማዕዘኖች ነኛች
ያሉት ቅርፅ

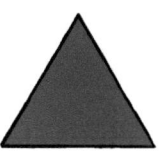

трохвугольнік
....
ሶስት ማዕዘን

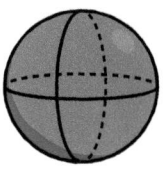

шар
....
ሉል

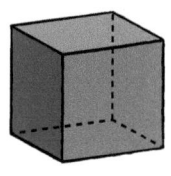

куб
....
ስድስት ነን ያለዉ ቅርፅ

колеры

ቀለማት

белы

ነጭ

жоўты

ቢጫ

аранжавы

ብርቱካናማ

ружовы

ሮዝ

чырвоны

ቀይ

фіялетавы

ወይን ጠ
ሽ

сіні

ሰማያዊ

зялёны

አረንጓዴ

карычневы

ቡኒ

шэры

ግራጫ

чорны

ጥቁር

шмат / мала

ብዙ/ ጥቂት

злы / добры

ንዴት / እርጋታ

прыгожы / брыдкі

ቆንጆ/ አስቀያሚ

пачатак / канец

ጅማሬ/ ፍጻሜ

высокі / малы

ትልቅ/ ትንሽ

светлы / цёмны

ደማቅ/ ደብዛዛ

сястра / брат

ወንድም/ እህት

чысты / брудны

ንፁህ/ ቆሻሻ

поўны / няпоўны

የተሟላ/ ያልተሟላ

дзень / ноч

ቀን/ ምሽት

мёртвы / жывы

የሞተ/ ህያዉ

шырокі / вузкі

ሰፊ/ ጠባብ

ядомы / неядомы

የሚበላ/ የማይበላ

злы / добры

ክፉ/ ደግ

узбуджаны / нудны

ደስተኛ/ ድብርተኛ

тоўсты / тонкі

ወፍራም/ ቀጭን

першы / апошні

መጀመርያ/ መጨረሻ

сябар / вораг

ንደኛ/ ጠላት

поўны / пусты

ሙሉ/ ጎዶሎ

цвёрды / мяккі

ጠንካራ/ ለስላሳ

важкі / лёгкі

ከባድ/ ቀላል

голад / смага

ረሃብ/ ጥማት

хворы / здаровы

ህመም/ ጤንነት

нелегальны / легальны

ህገወጥ/ ህጋዊ

разумны / дурны

ጎበዝ/ ደደብ

левы / правы

ግራ/ ቀኝ

побач / далёка

ቅርብ/ ሩቅ

новы / былы ва ўжыванні

አዲስ/ አሮጌ

нічога / нешта

ምንም/ የሆነ ነገር

стары / малады

ሽማግሌ/ ወጣት

укл / выкл

የበራ/ የጠፋ

адчынены / зачынены

ክፍት/ ዝግ

ціхі / гучны

ፀጥታ/ ጫጫታ

багаты / бедны

ሃብታም/ ደሃ

правільна / няправільна

ትክክለኛ/ የተሳሳተ

шурпаты / гладкі

ሻካራ/ ለስላሳ

сумны / шчаслівы

ሐዘን/ ደስታ

кароткі / доўгі

አጭር/ ረጅም

павольны / хуткі

ዝግተኛ/ ፈጣን

вільготны / сухі

እርጥብ/ ደረቅ

цёплы / халаднаваты

ሞቃት/ ቀዝቃዛ

вайна / мір

ጦርነት/ ሰላም

0
нуль
ዜሮ

1
адзін
አንድ

2
два
ሁለት

3
тры
ሶስት

4
чатыры
አራት

5
пяць
አምስት

6
шэсць
ስድስት

7
сем
ሰባት

8
восем
ስምንት

9
дзевяць
ዘጠኝ

10
дзесяць
አስር

11
адзінаццаць
አስራ አንድ

12

дванаццаць

··········
አስራ ሁለት

13

трынаццаць

··········
አስራ ሶስት

14

чатырнаццаць

··········
አስራ አራት

15

пятнаццаць

··········
አስራ አምስት

16

шаснаццаць

··········
አስራ ስድስት

17

сямнаццаць

··········
አስራ ሰባት

18

васямнаццаць

··········
አስራ ስስምንት

19

дзевятнаццаць

··········
አስራ ዘጠኝ

20

дваццаць

··········
ሃያ

100

сто

··········
መቶ

1.000

тысяча

··········
ሺህ

1.000.000

мільён

··········
ሚሊዮን

англійская

እንግሊዝኛ

англійская (Амерыка)

የአሜሪካ እንግሊዝኛ

кітайская мандарынская

የቻይና ማንዳሪን

хіндзі

ሂንዱ

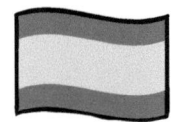

іспанская

ስፓኒሽ

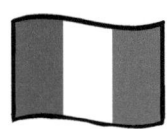

французская

ፍሬንች

арабская

አረብኛ

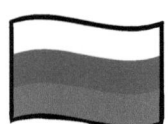

руская

ራሺያኛ

партугальская

ፖርቹጊዝ

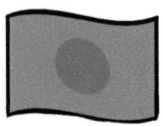

бенгальская

ቤንጋሊ

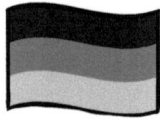

нямецкая

ጀርመን

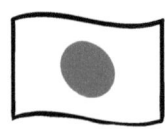

японская

ጃፓንኛ

я

እኔ

ты

አንተ

ён / яна / яно

እሱ/ እርሷ/ እቃዉ

мы

እኛ

вы

አንተ

яны

እነርሱ

хто?

ማን?

што?

ምን?

як?

እንዴት?

дзе?

የት?

калі?

መቼ?

імя

ስም

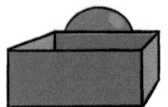

за
....
በስተ ጀርባ

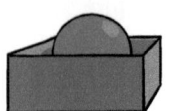

у
....
ውስጥ

перад
....
ከፊት ለፊት

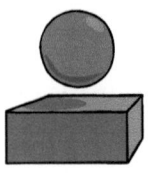

над
....
ከላይ

на
....
ላይ

пад
....
ከስር

каля
....
አጠገብ

паміж
....
መሃከል

месца
....
ቦታ